極樂園
辯證100條

史作檉

典藏

目次　　　　序 ⋯⋯⋯⋯⋯⋯⋯⋯⋯⋯⋯⋯⋯⋯⋯⋯⋯⋯⋯⋯⋯⋯⋯⋯⋯⋯ 5

序

一

　　我，一個生命者，在我一生漫長的路程中，不論遭遇怎樣的挫折、失敗、困擾、悲苦、歡樂或不智，於其經驗、情境與各式各樣情緒性發作的背後或其中，我始終有一條從不曾改變的基本法則，支持我就這樣活下去。它具體的語句表達，應該是：

　　高歌快樂地往前走吧！

　　其實這句話的意思也並非說，人生就可以如此高歌而快樂地活下去了。不是，因為所謂高歌與快樂都只是一象徵性的表述，或它的意思根本是一種「抽象」的表達，或其根本的意思，只是一種人於生命中，其所遭遇一切事物背後所必隱藏的，那來自於真自然、宇宙與生命間之一種不可言喻的「力量」罷了（或貝多芬之〈快樂頌〉亦當如是觀）。

二

　　或者於此我們也可以另一種更具體的方式，來說明這種出現在人類生命中之根本「力量」的意義。它可叫做：

　　「與時俱進」。

　　很明顯地，這句話的意思即言，「生命」不是

5

一種可「停止」的事物。它既已存在，即無所休止的往前走。或一如前面所言那句：

「高歌而快樂地往前走吧！」

所謂「不止」，即言「人」本身的存在，是大自然宇宙存在中的一種派生物。換言之，如無自然的存在亦必無「人」的存在。同理，如無「人」的存在，亦必無「文明」的存在。所以「人」存在於大自然宇宙中，基本上，「他」是一種大三元的結構物。其中「自然」是第一元，「人」是第二元，「文明」則屬第三。即：

自然→人→文明

本來，「文明」不可能離開「人」的存在獨立而自存，一如「人」亦離不開「自然」獨立而自存。可是若以屬人的「文明」發展的實際情況言，卻往往不是如此。即：

文明一旦成立，尤其是「文字」以後，它就像一匹脫韁野馬，勇往直前全不知其所終。於是我們用一句話來說明，人類文明向前發展之狀況，即：

文明乃一「少一項」原理的表達系統。

這當然是一種對人類文明發展之簡約而比擬性的說法。

三　　　　　所謂「少一項」原理當然指的是數學，簡言之，即：

　　1、如自然數能解決其「∞」的問題，就不會有set（集合）的出現了。

　　2、雖然set出現了，仍無法解決其「不含自體」的矛盾（或數學中也可以self-reference、「自身指涉」稱之）。

　　其中之意義，清清楚楚地告訴我們，人類文明一旦涉及於形式設定性之表達了（如文字、符號等，一然），那麼在存在的意義上，它必成為一「少一項」的原理，因之，其終極不可能不遭遇「矛盾」的可能。

四　　　　　好了，人在文明中，不論你是不止之快樂向前走也好，還是與時俱進地不會落後於文明前進之腳步也好，最令人難解而又無法盡解其所必遭遇之「無限」與「矛盾」之可能，甚至像這種人在進階中，生命所必遭遇之「死亡」一般，仍舊使一切快樂的生命，碰上了一種幾乎終生無法究解之困境。但在另一方面，這種窘境真正把一切前進的生命困住了嗎？其實也不盡然。因為當我們

一旦碰到了在人之形式性認知之窘境或窮境時，事實上，我們還有一條同樣永遠不會令我們完全絕望的生生之路在那兒，令我們如同充滿希望一般地深深挖掘而去。那就是：

如往前走不可能，就讓我們再次還原性地走進那使一切文明可能之真源頭的原生地去吧！此亦非他，即：

上述所言真三元之第二或第一元之「自體」性的存在。

五　　　　所謂「形式」以外，其實就是「自體」的世界，甚至由此我們也可以肯定地說：

由永遠不為人所盡知之大自然宇宙所賦予「人」的原發性之創造能力，所建立起之屬人自體存在之形式外延性的「文明」中：

是形式就不是自體，

是自體就不是形式，

所以，所謂人類文明，它就是一種：

由「人」所具有之自然之原創力，所完成之「形式遞增而存在遞減」的系統。

總之，文明愈發達，就離使之可能之真屬「自

然」與「屬人」的自體世界愈遠。

此事雖然很難用「文字」說明清楚，但自文字以來，以至於與文字完全不同之數據的形成，到底數千年來，人類在文明中所形成之成果仍在驚人之數。大致說來，所謂文明，我們可以簡約地分成兩大領域，一屬淺碟文明，一屬深度文明。

六　　　　所謂淺碟文明，即由形式、方法、技術與現實而形成之文明，如政治、經濟、軍事、日用品等文明即是。

而深度文明，則於淺碟文明以外，乃以屬人內在自然而原創的力量所形成之文明。換言之，亦即一「形式」外更逼近於「自體」性之文明，如宗教、哲學、藝術與純科學等即是。

從以上這些既繁瑣而又簡約之說明中，我想至少可以使我們清楚地知道以下幾件重要的事：

1、人，做為一個生命者，他於大自然宇宙中，所賦予之自然自體性的原創力量，創製了璀璨之人類文明。他當然可以從此高歌快樂的活下去。

2、可是於此人類以其自然的原創力所創製的文明，事實也非是一條單純高歌而快樂的康莊大

道。所以有時我們並不能完全如願而與時俱進地順利走下去，甚至它也是一條困難重重而與時俱進的康莊大道。

3、因為屬人本身有各式各樣的型態，其文明因地區之不同、時代之不同，多有所相異而難以平順地高歌並快樂地走下去。除非我們果然具有了那來自「自然自體」所賦予我們，同樣「自然自體」性之原創能力，我們才能真正以「自然自體」的方式而婉轉快樂地活下去。否則，人就必然是活在那被「文明」所淹沒之雜多文明混亂無解的「現實」中了。

4、其實所謂現實，就是以地上之平面而混雜的世界看一切。反之，所謂「理想」，就是以天上絕對賦有自然自體性的世界看一切。一個來自於天上，一個來自地上，孰優孰劣、孰高孰低，立可自判，於此不必多說。只是於此我們一定要弄清楚的是：

天上之事（如神、靈、絕對、天、梵等等）又何能為人所真曉，但無上之事已成事實，每個人都必參於其中。所以儘管有人在地上被卡，永不能翻身其中，但無論如何，仍有少數人不肯捨身其內，終生念念於此，無論如何仍造就了一種無法盡解自

體，但卻又苦思而逼近自體存在之可能。如果說，地上文明即現實，即屬政治、經濟、軍事等，那麼此一幾千年來，人類竭盡苦思而逼近自體（天上）的文明，即屬宗教、哲學、藝術與科學（純粹）四大文明：

科學盡其精確而合理的追求，最後所可真達者，仍無非是一個形式上逼近自體（self-reference）之中性文明，而它最大的缺失，即無法由此而觸及賦有真正「價值」性的理想世界。

科學如此，藝術在逼近「自體」的理想上，比科學自有所不同，即藝術所賦予之大想像力，比科學更以其必有之「屬人」探討之「內在」性上，而逼近於屬人自體之存在可能。

藝術如此，哲學則以其對「整體」追求所必有之形上辯證，比科學與藝術更有其正面面對「自體」的路線上，而有其逼近「自體」存在實質上之說服力。

至於宗教則最為特殊，它以一種超越一切形式性的表達（如文字、符號等），直接以屬人最大可能自體性之感觸，及一種不可思議之內在存在性之能力及靈感，通過兩種自體的最大「可能」（即自然與生命（屬人）），向那上天般不可思議之真實

存在與神奇且神祕的實體如「神」的力量者，做不休止追溯並祈願的偉大文明。

七　　　　　記得我十五、六歲的時候，有一天念了一本
《禪學講話》的小書，不知為什麼，我立即就引
發了無限的靈感與內在精神性的感召能力。從
此不論讀其他經典，乃至修習、禪坐、呼吸，甚
至是瑜珈，都成了我生活中不可缺少的部分。或
當我二十歲左右時，我可以終夜靜坐，無須躺下
身睡眠，直到天亮起身為止。只可惜我三十六歲
時，因為膝蓋不適，方間斷了我靜坐的習慣。儘
管如此，禪學對我精神乃至身體的內在感召力，
始終未曾間斷過，甚至在我幾十年後的生命過程
中，學習過和禪學無關的事或學術，還是一樣。

八　　　　　還有，同樣在我二十幾歲就讀台大哲學系的
時候，我下了課，回到新生南路宿舍，第一件事
就是坐在床邊，拿起我放在枕下的《舊約·聖
經》。等我念完一段聖經，才起身坐到桌前做其
他的事。至今想起來，當初我到底是為了什麼這

樣做，已想不起來了。如有，恐怕也只有一個說法，就是：

　　人生存於大自然宇宙中，自然就賦予了我們一種發自內心之自由而原創力量。我們根本就不知道它什麼時候會發作，而導引我們朝向一種精神性的理想，去做一種不休止的企求或追溯。但是我們也不知道它會不會驟然停止，而讓我們的生命卡在某一時空之一種文明的影響或誘惑中。我們也不知道，它什麼時候又會突然發作，叫我們離開一切既有的文明，而向我們永未能真知的理想世界，再次地追尋而去。我們也不知道，它也許在人的生命中從未曾發生作用，而呈現為一種停止的狀態中。這一切都不是我們所能控制得了的，那也只有聽天由命，端看你的造化了。

九　　　　　我在《舊約・聖經》的閱讀中，也不知經歷了多久的時間，從創世紀到約伯紀、歷代帝王誌等等。我到底什麼時候停止了《舊約・聖經》的閱讀，如今也完全想不起來了。當然我就讀台大哲學系時，同時也學習並研讀了其他各種知識、理論與學說。其實當初我曾研讀過的《舊約・聖

經》，和我更早所研讀的禪學，一樣地，它們一直都未曾離開過我內心深處所不可知的背景與潛在的力量處，甚至直到如今仍是如此。假如於此我一定要找出，那早日的研讀在我今日記憶中的要點所在，它可以是：

禪宗方面，即：禪修與頓悟之事。

舊約方面，即：屬靈與極樂園。

十　　　好了，現在完全不同了，或者它已是一個人類文明的大世紀來臨了。本來我以為「大數據」文明的形成，對人類文明來說，未嘗不是一件好事。

電腦的出現，確實是人類文明自古以來唯一征服了全世界的工具或文明。從此人類可以在同一個無限寬廣的平台上，大家用同一個工具，從事每一個人所要做的事，或展開一種人類自古以來從未有過的公平競爭的時代了。

一開始，對此我抱著很大的希望（四、五年前），可是很快地，若從我自來習慣地向「理想」追求的思考路線來看，事實的發展並非如此。簡單來說，像現在這種人類歷史上從未有的「數據文明」的發展，或其帶給人類文明的實際成果，似乎

它一直朝著負面性的操作在發展，而不再像十七世紀到二十世紀間，那些深具合理性與原創性之理論科學或純科學、純數學等之理想性高的能力與發現，而逐漸落於數據功能性高之技術（如 AI），並成為製造性高之產品世界，而實實在在地影響了屬人社會或現實世界淺碟文明的發揮或成長，但於過去原創性高之科學理想，似乎愈來愈遠了。

　　或就科學來講，它原就是一種符號設定的中性學術，若言符號或形式高之精確合理而言，它當然勝過文字文明多多，但當其形式性數據文明，將過去文字性文明所具有大敘述之價值世界完全刪去或一刀兩斷，也不是不可能的事。如果說，人類在形式設定性之數據世界，並未能建立起完全將過去文字文明之「價值」觀，予以代換掉的今日新文明之新「價值」世界或價值觀，那恐怕人類社會在數據文明之中性而非價值性的操作中，將淪為把「屬人」文明之理想全然被毀滅的，混亂而無所真偽判斷的迷途中。這無論如何是我們在現今新文明的發展中，不能不慎重考慮的問題。

十一　　　　　綜觀人類文明數千年的發展，文字的發明是其

中最大的關鍵。如無文字文明，亦必無屬於今日之數據文明。文字文明出現在紀元前1,500年頃，而數據恐怕是紀元後十五世紀以後的事了。而文字文明的發展有兩大領域：喜馬拉雅山以東屬象形文字，其西則為拼音文字。象形文字基本上是一種圖形式之思考，而拼音文字則以其特有之字母連結方式，為一重方法與理論的符號性抽象思考。但不論哪一種思考，在今日數據發達的世紀裡，都必與今日數據文明中，理想性最高指標的一名詞有不可分的關係，那就是：

自體（數學中叫self-reference，如康托爾（Georg F. L. P. Cantor）與哥德爾（Kurt Friedrich Gödel）等所指），所謂「自體」有兩種：

一為人自體，

一為自然自體。

此二「自體」，均非任何形式性之符號表達，可有所真指真知。

其實這件事恐怕只有在現代數學說得最清楚不過，其根本，即：

人或文明中的任何表達，只要涉及於「自指」或「自體」，其結果就是矛盾。所以：

不論「人」自體或「自然」自體，均非人類

文明中任何形式表達可真表之物（文字或數據一然）。

甚至由此我們也可以肯定地說：

所有文明中表達，其終極就是「矛盾」。除非觸及於文明表達以外的「存在」性的領域，如「人自體」或「自然自體」。

好了，這樣我們就可以回到一開始所提到的三元論的說法了，即：

必先有「自然」的存在，

然後才有「人」的存在，

有「人」才會有「文明」的存在。

只是人在文明中太久了，所以人只要被其所有的文明所掩蓋了，從此他就不再有使此文明成為可能之屬人自體性真源頭的存在了。

而自然是使人的存在成為可能者，如果人在文明中連「人」的存在都沒有了，哪兒還會有「自然自體」的存在？

所以在人類文明中，終於出現了一切形式表達以外之存在性根源文明的存在，此亦非他，即：

「宗教」之必然形成（或一切超越形式表達之藝術或形上辯證，亦必因此而誕生）。

不再多說，摘重點而言之，即：

如禪宗所言「本來面目」、

　基督教（猶太教）所言屬靈與極樂園、

　印度教所言大梵天（或Indra）

　……等等，均其如此。

只是於此我們必須要指出的是：

所謂今日影響了全世界之數據文明，它是西方拼音文字自希臘公設幾何，源遠流長近兩千三百年才形成的文明。儘管在今日這種工業、數據遍天下之技術特別發達的世界裡，我們不可以只看到AI人工智慧的發達，我們更要完整地看到，使此現代科技文明成為可能之原理論之「自體」的可能世界。由此我們才能同時更清楚地瞭解，原本拼音文字所注重合理的抽象思考，所必形成之二極化的世界，即：

科學、

宗教。

其間的根本關係並非二分矛盾，而是二元互補。

甚至我們也可以更廣泛地聯想到，以上面所指「自體」世界的思考，所必遭遇到之介於東西文明間之差異，也必以「自體」之原則而將成為「互補」之事。此事說來繁雜，不再多言。

最後只再講一句話，即：

哲學自古以來，不論中西，其實只有一個根本法則，它叫做：

屬人之「自知」。

其中深義，思之可也。

史作檉

2022年3月於新竹

1   天、自然、空無、靈、光、神等等，均屬同一
等次之概念或說詞，其中只有基督教，因來自地
中海沿岸各文化的影響或背景，它擁有一與其他
宗教較不同的重要說詞，它的名字就叫做「極樂
園」。

2   所謂「極」，即不可能是一般所謂之「樂園」，
也不是一般根據《聖經》所指的樂園，甚至也不
是「失樂園」以前之那個樂園。那到底是哪一個
「樂園」？其實這就是真正「宗教」所難解之謎。

3   一旦被人說出來了，不論根據什麼而說出來
了，其實那早已不是你原本所指的那個「真正」
或「極」之樂園了。

4   因為，所謂「極」，就是人所無法真知而表之
事。如果我們一定要加以人文式之表達，我想它
的方式只能是：
        以「犯罪」之方式所完成之一種對於「無罪」

之「罪」的世界之充滿弔詭、辯證或謎樣之說明。
這要怎麼說呢？

5 　　　這實在是太難說了，因為它是一個人類存在
中之根本之謎，甚至它根本就不是人類在文明中
「可說」或可說清楚之事。

6 　　　於人類存在的過程中，其做為基礎之根本能力
只有兩種：
　　　思考。
　　　情感。
　　　思考近形式，多與外在性之客觀事物或對象
相關。
　　　情感則較形式而遠，多與屬人之內在性「感
覺」相關。
　　　但不論哪一種能力，如未加以表達而呈現為一
種外在形式物，則多無討論的餘地。但若使人對人
類存在中的能力加以形式化，而成為果可討論的事
物，不能不知以下三種其中所必經的過程或層次，
才能達成一種認知之可能。

7 而此三程序，即：

存在性之實質存在，

記憶，

認知。

大自然宇宙負載著萬事萬物及人，按其時序大塊運作而前行。「人」被包含在裡面，突然有一天他有了後來被稱為「感覺」的感覺。若只是「感覺」而已，那我們和宇宙中其他萬事萬物並沒什麼大的差別。而「人」之被稱為「人」，是因為他隨著感覺走時，這個「感覺」事實上早已不是那個正在走著或運作著的感覺，反之，我們之所以稱為感覺，它早已只是對那原本性之感覺的一種記憶（或一如柏拉圖所言回憶說）。或簡單來說，人類從感覺，通過對感覺的記憶能力（因為心靈或大腦皺褶之功能？），最後再通過一種唯人類所有的記憶之「突變」，就會形成我們以文字或符號所形成之形式，或可記錄性之「認知」。其實它的總結果，就是我們所早已習慣之「文明」的存在。

8 如果我講的沒錯，人類文明之產生果然如上所簡述之過程，其結果就等於如前所言，以「文

明」的方式看「人」存在之事實，他確實具有了「思考」與「情感」的兩種能力。「思考」屬外在或形式部分，「情感」屬內在或心靈原創之部分。其實這就說明了，西方文明以拼音文字之抽象思考的能力或特色，所必形成代表西方文明之兩極化的現象。那就是：

科學（近思考）。

宗教（近情感）。

9　　　從表面上看起來，科學與宗教可以說是兩種完全不同的文明。不過當其真正至於一種「極」限之發展時，其情況很可能完全不是那麼不同的兩件事了，甚至於其根本屬於「極」限之辯證性的呈現上，很可能反而屬於同一結構之事了。如數學中，一旦涉於∞的討論，或宗教中屬於「人」之本體上的表達時，就會出現極其有趣之相近之處。或者這也一如前面曾經提示過的，關於「極樂園」一事之說明，其基本方式就是：

以犯罪之方式，所完成之一種對「無罪」之「罪」的世界之充滿弔詭、辯證或「謎」樣的說明。

10   好吧，若再換一種方式（如數學），即：

以有限去說明那「真無限」中所有「有限」與「無限」之可能。

若這樣說，仍舊是曖昧不明，也可用哲學的方式再說一次，即如阿那克薩德拉（Anaxagoras）所言：

Everything is in everything.

意思是說：

人於其創造之文明世界中，會遭遇各式各樣之「個體物」。於是人通過其想像力，不可能不於其所遭遇之「個體物」以外，設想一「整體物」之存在。不過，事實上不論人怎麼努力，都很難像我們所把握之「個體物」一樣，果然捉到一個真正的「整體物」。充其量，最後我們所得到的仍只不過是，我們從「個體物」向最大「整體物」之可能設想之一種極限性之追求過程而已。

11   好了，於此不再進行這些屬人「思考」方面的討論，而直接轉向和思考相對立面之屬人「情感」方面的試探。不過，於此我們必須再強調一下，如前所言，「思考」與「情感」可以是屬人存

在中兩個完全不同的面向，其實這只是由於它們之間所呈現之方式，或其間所涉及的對象有所不同，所必有之差異。無論如何，它們除非不做任何「形式」的呈現，否則當它們一旦以某方式而加以實際的呈現時，我們就會發現，它們藉某形式一旦達到一種極限的程度時，它們之間所曾有之形式上的差異愈形減小，而其間或背後所必有之辯證性之結構方式，便愈形呈現出一種幾近同一的可能性來。

12　　　　所謂「情感」，就是我們的「生命」所必有的，一種頗富美學動力感的呈現方式。若以宗教而言，恐怕基督教在這方面所表現的，要比其他宗教來得更實際而又富美學動力感之浪漫性質，只是這樣說、這樣形容，也很難見其宗教中屬人美學性動力感之浪漫的真義。於此若以一種直接而有所著力點的切入方式，其要點就是那個著名的，「人被趕出樂園」一事之既麻煩而又充滿矛盾、弔詭的謎樣神話表述上了。

13 　　「人被趕出樂園」並不一定就是壞事，至少人在被趕出樂園以前，他確實是在樂園中的。換句話說，在人存在的世界裡，確實是有一個「樂園」存在的，或至少它是曾經存在過的一個事實。只是其中之事實是說，到底是什麼「原因」，原本住在極樂園的人被趕出極樂園？或到底又是什麼力量或人，執行了這件事，而使人終被放逐到極樂園以外的世界？

14 　　我想一般來說，大家對這兩個問題早已按照文字故事的敘述（如《舊約・聖經》），有了清楚或幾乎可說是準確的答案：

　　一、人所以被逐出是因為他「犯罪」了。

　　二、果然有力量把人趕出極樂園的人，就是製造了極樂園本身之「耶和華」。

　　我們都知道這個故事。於是看了這個故事，我們就覺得我們懂了。是的，我們確實已經懂了這個「故事」。至於「故事」本身呢？或假如根本就沒有人以文字記錄了這個故事，那我們到底要「懂」什麼呢？

15   　　總之，「事情」如何，大家都知道了，故事大家也都看懂了。果然如大家所「知」，實際上那也不需要「宗教」的存在了。為什麼？真正的宗教，根本上就是超乎大家一般所知、所懂的狀況中而存在的。但在另一方面，它也不是超乎一般，就與一般割裂而全無連接之處。或就是因為這樣，它自然就成為一種難以深入而徹底被人所「瞭解」之物了。

16   　　在文明社會中，我們總是按照某「文字」所記錄之宗教，來完成我們的信仰工作。可是這樣一來，有兩件事是我們必須要認識清楚的：
　　一、一種以文字記錄的宗教，由於文字只是一種表達的工具，所以其宗教不可能不受到其所用文字的影響或操作，而使得文字記錄以前之宗教，和有文字記錄之宗教之間，不可能沒有差異。
　　或者這就如同希臘神話一樣。如今我們所熟知之希臘神話，多半都是經過文字記錄的神話，約紀元前1,000年左右（如荷馬或海西奧德所記）。若談到原本未有文字以前的神話，與以文字記錄以後的神話，固有所同，仍必有所不同（如巨人神話以

前之神話）。

　　文字後或以文字記錄的文明、神話、宗教等，都必具有一種人文性操作的痕跡，如完整的故事、系統、寓意、想像，甚至是「說理」等等。所以，一種真屬原始根源性的文明、神話或宗教，若在文字以前，那麼大凡這種根源性的文明、神話或宗教，都要訴諸文字前，約紀元前3,000年前之原始文明去了。而紀元前3,000年以前的原始文明，其表達不是文字而是圖形（如原始之象形文字），或當我們說到圖形表達時，大凡就是指原始之神話時代。甚至這種屬於圖形表達之原始神話時代，我們可一直追溯到紀元前4,000～5,000年（如埃及之象形文字，或中國之陶紋等）。

　　二、文字的發展如此，至於文字本身呢？

　　由於文字的發明，不但形成了如上所言，文字前後之不同發展，若更具體言之，即文字更清楚地說明了，人類文明之所以會有所謂「區域文明」（regional culture）之發生及意義。

　　換言之，人類文明不可能是一種全然一致性的文明，而文明之間之差異，我們常以「區域性」加以分別。而區域文明的形成或表現，有兩大要素：

　　（1）自然。

（2）文字。

　　此即言，你屬於哪一種文明，60%多由你所處自然環境所形成，而其間因自然環境之不同，所必形成不同文明之具體表現，多由「文字」而呈現出來。換句話說，你在某自然環境中所形成文明之不同，多由其所使用之文字之不同而具體表現出來。數千年來，人類文明所形成之不同視野之「區域文明」，可以有兩大文字系統來加以說明。

17　　　　文字不同，其文明必有所不同。最明顯者，莫過於象形文字與拼音文字之間之巨大差異。象形文字文明若以中國為代表，那麼其文明，由圖形表達之演化中，其文明之主題多在自然與生命之間。其間既無一「絕對性」之觀念與要求，更不可能有一種一元絕對論之「人格神」的存在。這種文明和由地中海沿岸統合而成之拼音文字文明，大不相同。拼音文字重聲音與抽象符號之操作，所以其方法自然會形成一種分析性二元對立之思考或文明。其中最具代表性者，莫過於自地中海到歐陸所形成對立性高的二元性，宗教與科學對立性的發展最為令人注目。

18　　　　　上面扯了那麼多，我真正要說的仍只不過是那一句話而已，即：

　　基督教之所以有今日之發展，就是因為它是人類宗教中，唯一將其數千年的歷史，包括原始之「根源」以及人性、大自然之根源，一併加以神話性完整紀錄的宗教。

　　此話的根本意思，就在於所謂「根源」或「根」一事的存在上了。

　　一事若有所「根」，就能夠長續地發展下去，否則多半會中途而廢，不了了之。

　　而所謂有所「根源」或「根」的存在，可有三種：

　　一屬自然宇宙本身之「根」。

　　一屬人為歷史之「根」。

　　一屬人性或生命之「根」。

　　此三者多混同而存在，但任何一種多半又非人可得其究竟真意之存者。所以就此也就說出了，「宗教」既為人存所必需，卻又永遠存在一種謎樣的狀態，而不得其具實真義的根本原因。

　　而宗教中，確實把此中真相表白得最為具體而微者，莫過於基督教之《舊約·聖經》，其中尤以「極樂園」一事最為人所稱道，卻又似避之唯恐不

及者。為什麼？

19　　　　按照創世紀的講法，所謂自然宇宙的「根源」叫做「光」。

　　　　屬人生命的根源叫做「靈」。

　　　　至於因人而有之歷史或文明的根源叫做「罪」、「欲望」，或即「生殖器」的存在。

　　　　表面上看起來，前面兩種根源都很容易使人瞭解或明白，至於第三種根源者，則多會有所爭議。

　　　　其實其中情形並不難加以解釋。

20　　　　如前所言，此三根源並非可單獨存在之物。若以人的方式言，它們勿寧是以「文字」或「認知」中之混同存在之物。其實原因很簡單：

　　　　如無自然，亦必無人的存在。

　　　　如無人的存在，自亦無任何因人而有之「文明」可言了。

　　　　或者這三種根源，我們也可以具體地以下面三個同心圓表示之：

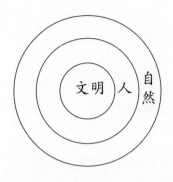

顯然自然涵蓋一切，它最大。

人其次，其內在也很大。

文明最小，因必因人而有。

但實際上，人一旦使文明成為可能了，人便永遠在文明說東說西。於是乎，「文明」終於將自然與人之自體存在，統統予以淹沒了。

人一旦在文明中，並被文明淹沒了，那麼於此，如果我們借用基督教的一句名言來說，那就是：

人終於被逐出了「極樂園」。

21　　　　人既然被趕出樂園了，當然就必有一個非樂園的世界。而此一非樂園的世界（paradise lost，失樂園），如以基督教的說法（如舊約），即一非屬「光」的自然宇宙，亦非一屬靈的生命世界。反

之，它即一「人以後」的世界，或即一由「人」所形成之生命屬靈以後的世界。而由「人」所形成之「人後」之物，即我們所習稱之「文明」或「社會」。若更具體以基督教的說法來說，即屬靈以後的屬人身體或肉體的世界。

既然是身體，它就是一種功能，而和屬靈則完全不同，而且所謂身體的功能即兩大類：

思考。

情感。

同時這也就是文明之所以能產生的根本因素。反之，若「人」無「思考」或「情感」兩大質素，那自然就全然談不到文明究自何而來了。

22　　當然所謂「思考」與「情感」，也是在文明中才講到的事。反之，若在真正「屬光」或「屬靈」的世界中，是否也會有這種講法，那就很難說了。即便會有，也必不是我們一般在文明世界中所有的那種講法。比如說：

人如果根本沒有一種動機、力量或原創力量，乃至衝動或爆發等，又怎麼會開啟一扇真正「思考」的大門呢？（除非你只是重複一些既有之說詞

的工作而已）

　　同樣，當我們說到情感時，是不是它已經以一種認知，或是藉某工具完成一種表達的工作了？或其表達果然就是那種屬人原原本本之「情感」存在之事實嗎？

　　思考與情感在人類文明中，果然可以是一種兩不相干的文明或表達領域。可是當我們果然以一種屬「人」的方式，以求其原本的根源事實時，此二者在人身上，本來竟是在一隱一顯之間，原本一如，而又必形成為看來兩不相干之二分之方式了。

　　以文明看，人果然可以二分。

　　以「人」本身看，人就在二分以上之全人之屬靈的世界了。

　　這樣弄清楚了這兩件事，我們就可以回到原本所言，「人」被趕出樂園之事了。

23　　　　在人的存在中，確實有兩個不同的世界，如：
　　　　　樂園與非樂園。
　　　　　亦或如所言：
　　　　　一為自然宇宙與人間世界。
　　　　　但這是兩個完全可被切分之隔絕的世界嗎？

如果這兩個世界，果然是可切分為兩個完全不同或對立的世界的話，其實這就是在人類文明中，一般二元論的講法。它屬文明之內或社會，即二分、對立、客觀而形式化的表達，或即一種「因人而有物」的呈現方式，但無法訴及使此二分形式之所以可如此表達之「屬人」本身的存在。其實這也就是人會在「文明」中，遭遇各種矛盾而無所終極的根本原因。

　　反之，如果這兩個世界果然是連袂一貫而無所分割的世界，那麻煩就大了。因為基本上，在文明世界中，我們根本就達不到一種真正的絕對一元論的程度。若有，其結果亦必若二元論一樣，於其表達（形式）的極限上，會遭遇不可遏抑的「矛盾」，而且這種情形就一若於科學中，無法達成一種絕對的真理（absolute truth）是一樣的。不過在另一方面，這卻剛剛好給一般文明外（可表達清楚者）之「宗教」，所必面臨並果有所成就之謎樣之神話般說詞的機會。為什麼？

24　　　只要是宗教，都必為一「屬人」的宗教，於其他動物而言，則必無之。但如前所言，因人而有

之物,「文明」而已,所以宗教亦必可包含在文明之內。果然,宗教必與其他文明有所不同。若直接來說,或一如前所言,就是當一般以二元方式所呈現之合理文明,一旦達其極限而遭遇其所必有之「矛盾」時,其實那就是宗教文明所終被逼現而出之時刻到了。宗教文明中,一旦被逼現,而呈現出其和一般文明果有所不同,其實那就是宗教文明所必有的現象,或更被解釋為迷信、奇蹟、謎團,乃至不可能之 miracle 等等的事實。

25　　　　人只存在於「人」自體的世界中了,人永遠都不屬「因人而有物」的世界中。

　　當你真正成為那一個完全屬於你自身之「自體」性之謎樣的存在時,你已屬「靈」,而不再是那個活在「因人而有物」之世界中之人。

　　這樣也不是說,那個因人而有物的世界不存在了(如思考或情感),而是說,你已對它有了一種全新解釋或對待的「自我」。

　　同樣,當我們真正能切實地觸及,或成為那一個謎一樣的自體性之屬靈之人或個體時,一方面從此我們不但切實地、清楚地看到了那一個

「因人而有之世界」（如社會、文化等），同樣我們也以此自體屬靈的個體或自我，清楚地「意會」到了，那使此屬靈之個體成為可能的，比「人」更大謎團之「真存者」之存在（可能）。但是屬人本身已經是謎一樣，無法以任何「因人而有物」來加以清楚地說明之物，更何況那使屬人之自體性之靈成為可能之「真存者」呢？那謎中之謎，謎中之大大之謎。可是那亙古之天才者，他卻給我們定下了一個清楚的描述或形容。它的名字就叫做：光（《舊約‧創世紀》）。

26　　　「光」當然是一個象徵性的「形容詞」。

但它具體的意思卻是說：

因為有了光的存在，我們才「看」到一切（萬有）。

若耶和華創造了「光」，那就等於說，祂創造了萬有。只是耶和華是不會說這一切的，反之，而是由看到了那「光」的「人」替祂說出來的，同時，也因此有了那真正屬靈並看到了那「光」的「人」的存在。人就由此，根據那「光」而說出那一切永遠都說不完的，和「那靈」、「那

光」……有關的一切屬人之世間的事物，於是「聖
經」出現了。

27　　　在哲學中，一種對於終極的要求，可以有很多
說法，如：

絕對、無限、超越、第一原理、無、無極，等
等。

但在宗教中，它比較具有一種統一的說法，它
叫做：

神。

只是在基督教中，由於它漫漫長時間中，可以
有很多變化。

一般而言，它也叫做「神」，但在「神」之
外，關於「神」也可有不同的說法。尤其在近代
或至於現在，「神」也可叫做「主」或主耶穌，
這顯然是世紀以後的說法，有時它也可叫做「上
帝」。其中最令人注意而特別的說法，是舊約中
所常用之「耶和華」一詞，這恐怕已經是紀元前
2,000年前的事了。

談到舊約之 Jehovah（耶和華），不覺又想到舊約中之 Nephesh（註：希伯來語，氣、靈魂之意）。這也許是一種巧合，但也可能就是原本的一種事實。

人文中所謂之「宗教」，在原始可能就是一種純自然之生活，或必需。如其對於祖靈之崇拜、期望與恐懼，或亦一如對於大自然宇宙之力量之崇拜、無知、期許與恐懼一樣。於是對於一切不可知之事情或遭遇，都必有一種奧托（Rudolf Otto）所謂之恐懼與崇拜。或許也一如齊克果所言之畏懼與顫慄（fear and trembling）。

總之，人類自古以來或自原始，對其所不能知又不能解之事，就有一種既敬畏而又畏懼之情。久而久之，這種經驗或感情就會從記憶而蛻變為一種近似「觀念」事物。換句話說，經驗之累積自然就會形成一種統合性的意識表達，於是一種具有代表性的「形式」，同樣也會脫口而出。人終於以「吹氣」或「呼吸」，形成為一種屬人抽象代表性的符號表達，「呼吸」如此，Jehovah 亦然。

Nephesh 所指若在於呼吸或吹氣，即指屬「人」的存在，或一切有呼吸或氣而活著的事物。若原始之本意在於屬「人」或「人」存在了，即：

我活了，我是活著的。

這本是一種人對於人本身所必有的，一種原始性屬「人」存在的本質性的發現。而此屬人本質的發現，後來至於紀元前2,000年左右，發展而為一屬人極高度文明基礎之屬「靈」的形成。這實在是基督教之所以會數千年慢慢演變而永存之一種根源或基點。

Nephesh 如此。至於 Jehovah，在《聖經》中提到可能有2,000多次，但其中多只是講到，它是 the name of God，並少提到 Jehovah 在希伯來文中究屬何義，還是只是一個「名字」而已？若再仔細察覺，所謂 Jehovah 可有預備或完成的意思。果然，那就和 Nephesh 有著不可分的關係了。

簡單來說，Nephesh 若在氣或呼吸，要在指出「人」存在了，最後就變「屬靈」之說。「靈」在「人」而已。神，不必屬靈，因祂在人之上，即屬神，即 Jehovah 之真義。

而 Jehovah 不是任何，而只是那大力之真神之大名。果然，其所謂大力之真神之名，即創造，即創世，即使自然宇宙成為可能者。若更具體來說，按《舊約·創世紀》所言，即那「光」的出現，即完成，即創世，即一切之可能者。

Nephesh 屬靈。

Jehovah 屬光。

這就是基督教中最重要的兩件大事。

29　　　　以哲學而言，這兩件事之所以重要，在於它所說明的是：

「人」於「宇宙」間大定位之事。

所謂「人類文明」，無論如何都必是因人而有之物。不論宗教或哲學講成多麼神祕的地步，還是一樣。所以，假如我們只以文明論文明而已，自古以來從無定論，尤其文明一旦涉及社會功能，其說詞或理論，真可以說是已達到無奇不有的地步。到底「人」在文明中要何去何從？其唯一之方法就是，在不為所限的情形下，確實地找到使文明可能之屬人本身存在之大定位，才是使人的存在果有所真循之途。

儘管文明之內有許多比「人」還要高超之說詞，實際上，那仍只是些因人而有之形式設定物。所以，若「人」在文明之外，並不是把「人」的位置與意義講低了一個層次，不是，完全不是。其真義是說，假如人真能不再被文明所掩蓋，而成為他

真正屬人本身的存在時，他就是真正「屬靈」而真及於那不為人所真知，「光」般存在之 Jehovah 之原初創生的世界裡了。

30　　　面對並完成了屬人於自然宇宙間的大定位的世界，我們才算有能力並有資格來談，一切屬人世界中之千萬種事實，而不至於弄到混淆不清而充滿矛盾的地步。

　　若以基督教而言，所謂屬人之定位即屬靈，而對於使人之「屬靈」成為可能並加以完成之世界，即對於那「屬光」之自然大宇宙世界之定位。

　　「光」與「靈」出現了，我們就可以正確無誤地來探討一下「極樂園」之真義了。

31　　　假如它是一個真正的極樂園，其實所有屬於人、宇宙、神或一切涉及人性及其遭遇的事，統統予以象徵性地結構在裡面了。

　　表面上看起來，它所講的是「人」之事，但也因此，屬神之事也一併包括在裡面了。至於一切涉及人神之間者，當然也無所遺漏地說得清清

楚楚了。

　　也許其中一般看來，也可能有許多充滿矛盾、衝突或不可解的事。其實一種真正徹底屬人或屬神之事，在人說起來，本來就是如此，一點也不奇怪。

32　　　人本來就是一個極其複雜，並充滿了衝突與矛盾之存在物，其根本原因即來自於他「不自生」。換言之，如上所言，他來自於那屬光、屬靈、屬天、屬空無、屬不為人所盡知之上上之神之無極的世界。但人本身也有其出生，及其所必呈現之存在或生長之過程，而此屬人存在的結果，就是我們一直所提起的「文明」的誕生。

　　關於文明之事，於此文中雖一再提起，可能每次提起都有其不同的切入點，不過這一次的提起，恐怕是最為直接而貼切的一次說明。因為：

　　人乃「不自生」者，所以，因人而有之「文明」亦必為「不自生」者。若文明因人而有，即：

　　以「不自生」者，所產生之「不自生」物，即以人而有之一種唯「人」而有的，自然宇宙中唯一存在之偉大的形式設定系統。

或我們可以說，由「不自生」所生之物，亦必有一「不自生」者。其實像這種二次元之「不自生」，若相對於一次元之「不自生」而言，它已經是一種「不自生」之生了。所以，不論說……

　　不自生到不自生，或……

　　不自生到「不自生」之「生」，甚至更可有……

　　「不自生」到「不自生」之中間物之存在。

　　其實其中最重要的事是說，「不自生」與「不自生」或「不自生」與「不自生」之「生」之間，必有一種「力量」的存在，才能使這一切有關「不自生」之各種圍繞其間之關係存在。

33　　以上這些說法，好像和我們瞭解極樂園的真義並沒有什麼關係，可是它對於我來說，卻是我追求極樂園真義路途上，一些自我或主觀上之辯證性枝節上之必須。或於此我們更直接來說吧！其中真義並不在那些「自生」、「不自生」等等之說詞，而更在於這些說詞間，那種在我們可如此說之外，貫穿其間之「力量」的存在。

　　就是那力量、那「光」的存在，才能具體、確

實而徹底地證明了 Jehovah 存在的全部真義：

　　祂創製了那光的世界，

　　祂也成就了祂自己（即祂是唯一存在之「自生」者）

　　祂也成就了因祂而有的一切（包括「人」之不自生者）

　　這一切仍不過是「人」所說、所知、所有者，但並不因此而降低了那真存者的高度與價值，反而是由此卻說明，那「不自生」者之屬人所必有的缺失或未完整性。

34　　　　弄清楚這些事若都是人說出來的，那麼我們就必須再懂或為了「說明」那因人而有的三種「歷史」。

　　一、一種歷史可稱為自然宇宙本體性的歷史，它連人也包括其中，如時間般大塊永恆而運行不止。我們只知它的必然存在，卻無法反控般得知它全部的真相，或這也一如 Jehovah 的存在。祂的存在是必然而自然的，甚至我們也可以人而說祂與人或萬物的關係，但無論如何，那仍不是祂存在的全部真相。

二、一種歷史是於自然宇宙中屬人自體性存在的歷史，一如人之出生、成長，直到死亡或死亡以後。我們這樣說，仍只是一種對於屬人自體歷史之屬人以後之認知性的講法。至於認知中關於「自體」的認知，頂多是一種形式之設定。若以真「自體」而言，它寧願是一種矛盾，一如數學中，集合不含其「自體」的原理，是一樣的道理。

　　若更具體來說此屬人之「自體」，即其「自然」之身體，而非其他。也許我們也可以把它更具體說成是「呼吸」、「欲望」，乃至生殖器等。不過，此一純屬自然之屬人之「自體」，卻是我們所謂「歷史」之原生物，亦即因人而有之「文明」的存在。

　　三、一種歷史即因人而有之文明或文明史。若此文明之歷史所記錄夠大、夠深、夠寬廣，它就會連我們上面所言的兩種歷史也包含其中了，甚至於這就如我們現在以三種歷史講歷史一樣。其中充滿了交錯、混雜或曖昧不明，因為上面兩種歷史，不論屬人認知性可記錄的歷史有多強，事實上怎麼也無法真正涉入，或直接進入到那真屬「自然」與「人自體」之裡面。但這卻是人類文明中所必有的遭遇。

　　若根本沒有這三種歷史的存在，那麼人類文明中未屬基督教之偉大的極樂園的神話會出現嗎？若有，這三種歷史就不可能是個別單獨存在的三種歷史，反之，它們根本上是交互混同而存在的三種歷史。否則，那偉大之極樂園之神話，還是不會出現的。因為這三種歷史都是因人而有之物（至少在認知上是如此），我們想想看，若無人的存在，會有文明嗎？同樣，若無自然，還會有人的存在嗎？但另一方面，這三者就真如我們所想的，是遵循以下直線的方式而存在嗎？如：

　　自然 →人→ 文明

　　還是說，當我們說「自然」時，實際上已包括了「人」與「文明」的存在了。同樣，當我們說到「人」時，它也必隱含了「自然」與「文明」的存在與可能性了。再如「文明」，雖然它只是因人而有之形式設定系統，是否它也必在認知所無法真知之「人」與「自然」本體或自體之真義的情形下，也形式性地指出了本體性之「自然」與「人」的存在了？

　　好了，人終於把「自然」與「人」之本體或自體，認知性地說出來了。然後我們再回頭來看基督教中所言，那「光」與「靈」之存在的真義了。或

若於基督教中，果然把那「光」的創生，與「屬靈」之於「人」存在中之根本意義拿掉了，那基督教還有什麼可講的？或其於「光」與「靈」以後的事，又要怎麼個講法？

36　　　　人永遠在以人而有之設定性之可知（如文明即是），去說明那個完全為人所不可真知之物。其中並不是說有什麼高低或價值之事，而是說，唯其如此，「人」才在比他更廣大、深刻而真實之本體性世界中，找到了他真實位置。

如果說「人」果然是一個「全知者」，那就根本不可能有宗教的存在。反之，人與其文明間，果然或必然有了那真正宗教的存在了，若就宗教本身來說，它必訴諸於屬人本身之存在性位置的確定，方能呈現其果為人間所必有之宗教的真義。

在那「光」與「靈」之映照下，「人」終於誕生了。他的名字叫亞當（Adam），他會呼吸，他是被吹醒的。那氣、那光、那靈的真存者，Jehovah 啊！

37　　　　「人」的出現及其發展，在人的存在與文明之間，一如上面所言三種歷史的存在性一樣，它仍是一個謎一樣的事物。因為如果「人」一如那「光」、那「靈」的存在，他是終極，也是唯一。所以他不必一定叫「Adam」，因為若 Adam 真是那「光」與「靈」之終極的存在一般，他就是「唯一」，不必有他。即「人」與「光」、「靈」一致而唯一，並無其他。反之，如光造靈，靈造人，但人一旦成為個別，即一如 Adam 的誕生（即便如此，他-Adam 仍與光、靈相近，是以為呼吸者，即吹氣而生）。他不再只是自然的呼吸者，而是以肋骨造夏娃（Eva）之「人」。

38　　　　是「人」本身，即無 Adam 以前之人，即無所謂差別。但「人」一旦成為亞當，即必有因亞當而有之夏娃之「人」，即他們同樣是「人」，但因為已是「具體」而存在之人，而非原本光與靈中之人，是以他們已是不同的人，即「差異」之來源。而它自然而具體的表示，即「生殖器」之差異之形成。這是基督教教義中，之所以異於其他宗教之最大不同處。

於此，假如我們說基督教（尤其是其原始部分）可說是一種滲透著地中海式希臘美學精神，充滿浪漫性動力系統的宗教，早期之亞伯拉罕（Abraham）、約伯（Job）不用講，直到聖奧古斯丁（Augustine）、安瑟莫（Anselm）等亦復如是。當然到了近代，它和社會緊密結合之新教系統，確實有了一些不同的發展。

39　　　　我想在這兒把「同一」與「差異」兩個名詞的意義，再稍稍描述一下：

一、所有名詞、詞、文字、符號或一切可以由某形式加以完成的「表達」，都無非只是「屬人」存在中的一種形式設定系統。

二、所有「屬人」所完成之形式設定系統，都無法把那使此形式得以成型的，屬人內在真正具有原創性之觀念或直覺、靈感等，加以完整無缺地，將之表達而出。

三、像這一種在人類文明的表達中，永遠無法完成之理想或任務，不論在宗教、哲學或科學中，都必有它一個清楚表達之指向物。它的名字叫做「自體」（如集合 Set 不含其自體，一然）。

四、所謂「自體」就不是「形式」。只是當我們說「自體」時，它已經是一種「形式」了，所以，如真「自體」在形式之外，並不是形式，那麼它在屬於它自身的情形下，即一種真「同一」而不可能是「差異」，甚至在真自體或同一中，根本就沒有差異可言，即：

是同一，就不是差異。或……

是「存在」，就不是「形式」。

但事實上，在屬人存在的文明中，又不完全是這樣。因為形式不自生，如形式來自於「自體」，那麼形式與其產生形式之自體之間，即一種差異。像這種差異，我們可以叫做「存在性的差異」。換句話說，這是一種基礎性的「差異」。若有異於此，以形式而產生差異之形式，我們可以把它叫做形式之差異。如形式1→形式2，或 a R b 等。

果然如此，那麼整個人類文明的存在等於說，即：

自自體到形式，然後再通過形式之極限的發展，再回到源頭或原創性之「自體」終必存在的基礎，以尋求形式再發揮的一個充滿迂迴之循環系統。我喜歡把它叫做屬人存在中的一種開放的還原系統。

40　　　好了，不再說這些了，就再回到存在性更高的極樂園的探討上。

　　其實，極樂園是一個充滿存在性辯證的宗教神話。一般說，大家都太把它當做是一必要的宗教故事看了。果然，在一般情形下，對此原始性的宗教神話，其探討或注意的中心，大概都在於我們在上面所言之「差異」點上了。

　　所謂「差異」是屬人以後的事。而屬人本身無所謂「差異」，均是「人」而已。可是人之所以不同或有所「差異」，基本上按自然方式言，就在於屬人所必有之「生殖器」這一點之差異點上了。

41　　　我們這樣說，也許大家不會同意。但以基督教（原始部分）或極樂園之出現而言，它（生殖器）確實是我們徹底以原始的方式來瞭解，基督教之所以成型中之一大必要之基礎探討。如果說，大家不同意這樣的講法，大凡都是因為我們對原始基督教似有似無的狀況下，以講故事的方式把它忽略過去了。要不然，我們一般所熟悉的基督教，大概都是根據《新約‧聖經》中，以使徒保羅為主所言之「靈、魂、體（肉體）」一致之

方式，來瞭解基督教的本義。但是這樣的講法雖然沒有錯誤，卻很難使人把三元式之基督教義，果然能還原到文字前（尤其是摩西前）純屬亞伯拉罕式「光」、「靈」無分之基督教大精神根源之基礎。

其實所有人類文明中之三元論，最後終必全遭遇一種理論上的難題。因為任何三元論中，都必包含一種一元的絕對論（即為人所不可真知的部分）。同樣，任何三元論中，亦必包含一種二元之相對論，否則所謂三元就無法確實地呈現。原因是一切都必歸咎於我們上面所屢次提起的，一切理論、文明或教義都必是人說出來或為人所造。既為人所造，又必涉及不可說之事，所以在理論上，一切有關絕對、靈、形上、宗教等事物，是人類永遠都說不清楚的事。只有基督教，其真屬原始的教義，不論理論或認知如何，一切就以「人」而言「人」，其實這就是極樂園中，姑且以「生殖器」而為緣起之中心題旨。為什麼是這樣？

42　　　　於紀元前3,000年之原始社會中，是否真正存在著一種如基督教所信奉的，理想性極高之「純

靈」的世界？事實上，我們是無法加以確知確證的。不過，基督教的教義中，既然給了我們那麼高度理想人性之可能，於此我們仍舊要予以肯定或認定的。不過在另一方面，有一件事我們是比較容易而清楚確定的，那就是，像我們如今早已習以為常之文字後的都市或王國的文明中，那種把「生殖器」處理成一種與欲望、罪惡或都市文明組織中和財富、權力與欲望，完全掛勾之幾近色情之醜陋的結果，在紀元前3,000年之原始社會中，它可以說是不存在的。原因是人類在那麼久遠以前，近自然的社會中，他們幾乎可以說不太可能有那種文字以後的、複雜社會文明中極富技術、分析或功能、思考的能力。於是就在這種幾近極限式的兩大文明中，基督教產生了。

43　　在「純靈」與「生殖器的現實」之間，基督教確實負擔了人類或人性之大理想的追求上，一個偉大的任務。它不但不使兩者之間出現「大差異」，同時它更使其連袂一致，形成了一個不可思議之理想教義。好了，這樣一來，果然能使兩者之間能連袂一致、不露痕跡之大媒介的學說或人

物出現了。它叫做彌賽亞（Messiah）、三位一體（Trinity），叫做罪與救贖，或其總名就都要切實地放置在耶穌身上了。

耶穌到底是不是彌賽亞的問題，至今仍爭論不休。不過我覺得這些涉及「教義」的問題，一如三位一體，並不一定就是宗教中最重要的事。因為所謂教義的講究，大凡都是文字以後的事，而一種真正徹底並流傳久遠的宗教，絕不只涉文字以後。尤其它必須於文字的教義外，真及於文字前真自然原創之根源，才是認識並信仰一種宗教更重要的事。

我們承認耶穌之出現，確實是整個基督教發展的一大關鍵。尤其是罪與救贖的問題，更是耶穌後基督教教義的中心題旨。或有關基督教教義之中心題旨，亦可以兩極性之方式處理之，此即：

「光」、「靈」⟷「罪」、「救贖」

如果說在精神層面，此兩極之間之處理方式在於彌賽亞的出現，那麼在《舊約·聖經》所顯示的，原始基督教之兩極限間之一致或統合的處理，大凡都在極樂園一事之謎樣的「故事」中了。

44　　　　　於是我們說：有人，就有生殖器，但人≠生殖

器。只是在人類文明表達的世界中，時常把生殖器當做屬人存在的一種形式性之表徵。但「人」屬「同一」，而「生殖器」則屬「差異」。「生殖器」非自生，或為附屬，而包含生殖器之「屬人」本身則近自生，而為一具有「普遍性」的存在物。

其實像以上這種情形，在所有人類文明中，一旦涉及於形上理想之表達，都必具有如「同一→差異」這種辯證性之方式。其中最明顯而著名之古代方式，莫過於中國人所愛好的，有關「陰陽」的形上表達，如其方式為：

（－）陰　　　　陽（＋）

從表面看起來，所謂陰陽可以為二單獨存在之「差異」物，可是我們想想看，如果我們把此二差異物攏在一起之圓周拿掉，那麼此二物將成何所，或已化為烏有？

所謂「二元」，均無非是「屬人」存在後之形式設定物。若將使此「二元」成為可能之原生加入其中，即成一「三元系統」。若我《易經》中之三

劃，其中之二元即「一」與「--」，其原生者是人，但「人」並無法以任何形式加以全然地說明，所以為求「完備」（庫爾特‧哥德爾之完備性定理（completeness）），即將二元中之一元加以重複，即三劃（如☷等），亦即一屬人之三元系統。我《易經》如此，其實基督教中之三元論（如靈、魂、體等）一然。只是文字後或使徒保羅以後之基督教教義中之三元論，與文字前或原始舊約中之三元，果有所不同，如：

新約為靈、魂、體，

舊約則如光、靈、人，

為什麼？

45　　　「光」指的是 Jehovah 創世的完成，即自然宇宙的出現。

「靈」指的是 Jehovah 創世中必有屬人的存在，與那「光」或 Jehovah 存在性有關之「可能」。所以此三元論如以「靈」為其起始，就比以「光」而始低了一個層次，同時這也就是創世中，極樂園一旦涉及人、男女或生殖器間，後世所必形成各種爭議的根本原因。於此我們若以最簡要的

方式，來說明 paradise（極樂園）與 paradise lost（失樂園）或 paradise regained（復樂園）之關係或爭議。

46　　　　我想它應當是這樣子的：

Jehovah出現了，一切已完備而成型，當然「人」也包括其中。當然這個「人」並不是我們以個體看的「人」，而只是一個「人」而已，他的名字叫亞當。但於此，我們要特別注意的是：亞當是做為和 Jehovah 完全相關而一致的，如 Nephesh 般會「呼吸」的「人」（或也一如人之初生般）。他只是做為「人」的那個人，而不是我們如今所習以為常，那個與生殖器相關的有男女之分的「人」。也許這個說法並不太能使人接受或瞭解，不過按《舊約・聖經》所言，它確實是指必先有「人」，然後才有男女之分的「人」。所以，若亞當果然是那個繼「光」與「靈」而出現的，如「人」之初生般之第一個「人」，那麼由此第一個是「人」而已之那個人，然後才會有第二個繼此只是「人」之「人」而出現的人。果如我們現在所習稱，那果有男女之分之第二個人，她也是人，但她

不是那個只是「人」之「人」的第一個「人」，而是因那第一個「人」而有之第二個，果與第一個有所差異之人，而她的名字叫夏娃。

47　　　讀《聖經》，尤其是舊約之創世紀、極樂園等，假如你只記得亞當與夏娃，以其果有所差異之生殖器交媾犯罪而被逐出極樂園的故事（或再想重新返回極樂園，如約翰·米爾頓（John Milton）之《復樂園》（*Paradise Regained*）等），那就太小看遠古希伯來之先知們，那頗富美學性之宗教神話之智慧或其真義了。

　　於此，假如我們真想徹底而完整地，瞭解有關極樂園之哲學性之真義，我想按照我們在前面冗長的敘述中所言，至少我們要具有兩種方法性之要件：

　　一、三史。

　　二、兩端。

　　而且此二者間之關係密不可分，頂多它只是以不同的切入點，而進入同一事件之說法罷了。

48　　　所謂三史，即：

一、自然宇宙本體性運行的歷史，如創世記中所言「光」的世界即是。

　　二、屬人本身之自體性存在的歷史。如果他果然是包含在自然宇宙本體而存在，那麼他就如自然宇宙本身，如「光」的存在般而運行。那麼他就如自然本體一樣，怎麼都無法以由人運行中所產生之「認知」的方式，來加以說明或解釋。因為若真以「自然」言，他只是初生、呼吸，若自光而屬靈，就一如老子講的「自然」，禪宗所講「本來面目」，乃至印度教所言之「梵」人一般。只是這個在自然中會呼吸的「人」，他會以他的歷史方式而成長，最後他會忘記自然的呼吸而進入「認知」的世界。

　　三、第三種歷史即因人而有之成長後的「認知世界」。或我們一般所謂之歷史，都必是一種「認知性」的歷史，換言之，一般所謂的歷史，都必是通過某工具、文字、符號等，將人於自然間所遭遇之狀況、對象或想像，加以描述、判斷或說明、敘述之可記錄的結果。它的總名就叫做「人類文明」，或我們一般所謂的「大歷史」也必包括其中。而後這種「認知性」的歷史，不可能真切地觸及於屬人存在「認知」前之純自然自體性屬人或自

然本體的世界。至少，所謂「認知」是說，人本身成長或受各種教育之後才開始的。或所謂「認知」前，即那屬人自然之 Nephesh 般之真「呼吸」，或以此純呼吸而成長著的「靈般」的世界或歷史啊！

49 　　所謂「認知」，一如前所言，即二端間一端之「差異」，即二分、二元、對立、相對、不同，甚至是「矛盾」等。反之，即同一，即整合、全然、包容，甚至是以上所言之「自體」等。若再綜合以上所言，如為自體（如自然宇宙或屬人自體），即自然、宇宙、光、人本身、靈，乃至無限、整體等。

　　由此可知，所謂「三史」，實際上若以「二端」言，只有二史。

　　一史即自體史（包括自然與人），即「同一」之史。

　　一史即認知史（包括各種以人而有之工具所形成之可記錄的歷史）。

　　其中根本的原因及難以說明之處，即在於屬人本身的存在上，同時這也就是屬人之宗教之必須存在，而又是人在宗教中最難說明的原因或部分。

50　　　　　或一如史賓諾莎所言，人本來就降生在兩個世
界之間，一屬充滿綁縛（bondage）的現世世界，
一屬與上帝之自然世界。不論自然、上帝、光或屬
靈，都不是人可以其成長後之「認知」所能真解的
世界，但無論如何，人以其必然成長之屬人的個
體，而成就了他後來所必須面對，屬於有所「認
知」的事實。於是，以人而言人，當然可以其自
然而屬靈的自體，上投於那宇宙之光所籠罩一切
之包容萬有的世界，但另一方面，只要你承認你
是一個果有所「認知」可能的「人」時，那就是
從光、靈而降生之單獨個體之亞當，必然地要進
入一脫離光、靈、具有了差異可能的夏娃的世界
了。其差異之所真指，就是我們的生殖器。

51　　　　　若更具體來說吧！
　　　　　在人生存的過程中，我們確曾有過一段時光是
和那光、靈、神、上帝或自然的世界不分而一致地
生活著。如我們自胚胎、降生，甚至一直到一歲、
二歲或五歲、六歲，或一直到十歲，我們尚未完全
進入那自幼小的教育或小學，甚至初中，尚未完全
成為一個「認知」的個體時代。中學到大學可以說

是一個較完整的「認知」階段的完成。然後進入社會那就不再是單純的「認知」時期，反而進入到人已可以利用已有的「認知」，並發揮其功能的時期了。或這樣一直活到人的死亡。

　　為了更清楚地說明這個問題，事實上，我們仍有許多必須要面對之事實上的考慮。

52　　　　一、一般所謂的「人」，事實上他只是由自然或神、靈等之自然所必形成之一些功能的操作而有。比如說，人會思考，會有情感等，這都是那個如亞當的、只為人的、那個人的人，在人身上所必有的一些可操作的功能。既然是「人」的功能操作，就不可能是原本那個真屬光、靈或亞當之「人」的人，而是由功能操作所必形成之一種屬人存在之一種呈現的「方式」。如不同的人或不同的民族或地區，都必有其個別之生活方式。但方式並不等於「人」本身，其實這就是以呼吸而呈現之 Nephesh 式之亞當，所必有的一種屬「人」的特色。或「方式」並不等於「人」，但是方式即必已有其屬人的存在了。

53

　　二、雖然那「認知」型的人已經或必然已形成了（如自十歲到二十歲，甚至到老死），這並不是說那從人之降生，或至於十歲以前之自然純「呼吸」之靈者的人，就完全不見了蹤跡，不是，完全不是。我們想想看，人一旦失去了「呼吸」，那還有「認知」之可能嗎？只是「認知」一旦形成了時，它就具有一種強制性。因為它並非全然出自「自然」，而是以某「方式」或「形式」而呈現的，甚至它是「可聽」、「可看」、「可說明」、「可討論」之物，於是「人」就自然地為了某「現實」或「對象」的需要，大大地加以功能性的發揮（如某理論、主義、系統、規範的形成等）。從此人就活在一種「自然」與「認知」兩相混淆之狀況之中，或一如繼亞當而夏娃誕生一般，或亦即「差異」之實際呈現狀態。

54

　　三、每個人都曾有過童年，每個人也都必有過那自然、美麗、青澀而不可名狀之欲望等等之經驗。但當你一旦不知不覺地邁向於「認知」之時期起，你就會隨著時光的流逝，將之徹底而不自

覺地忘卻，或故意地為了「認知」之形式的強制性，而予以完全忽略。其實那與自然宇宙永不可分之純靈的世界，一如我們呼吸般，從來就不曾離開過我們。

55　　　　四、實際上，這並不是年齡的問題，這是一個大自然宇宙中，一切真神、真靈、真人、真自然之大問題。只是由於在我們的成長過程中，為了過人類群居之現世生活的需要，我們不可能不以屬人功能之「認知」的方式，建立起了各種必要的規範，使我們果可順利地生活下去。可是就當我們一旦過分相信了「認知」功能之強制性，就自然地將那真自然之屬靈、屬神之真「呼吸」的世界，加以忘卻或忽略。其實這種所有以「差異」而有之現世之「認知」的生活，又何嘗不是都來自於那自然而屬靈、屬神之真原初既已存在之創造性之大功能的呼吸而有！

56　　　　五、我承認，「認知」是人類生存的過程中之一種必然現象，但其中最重要的一點是，「認

知」並不能以「認知」而「認知」。或者這也一如數學所講,「形式」並無法自指(self-reference),或「認知」並非一它自身之自動系統。於此假如我們一定要問「認知」何來,在哲學中,它可以有各式各樣的說法或理論,如先天、後天、唯心、唯物、超越、經驗等等不一而足,不過到頭來,這些理論本身仍只是一種「認知」而已。所以,假如我們一定要求出一種使「認知」成為可能之說法或理論,而且不會遭遇以「認知」論「認知」之糾紛或矛盾,那恐怕在人類文明中,只有一路可循了,無他,即超出「認知」以外。

57　　　　六、所謂「認知」以外,其實際的意思就是宗教(或深度藝術)。因為唯宗教或深度的藝術,才能將屬人存在中「認知」以外之大神祕,或不可以「認知」所盡知盡解的部分,予以象徵或果有所寓意之方式表達出來。

　　話雖如此,但一切屬於宗教、藝術或哲學的根本問題與困難,就在此處了。為什麼?

　　當我們說「認知以外」時,不要忘記,它仍然是在「認知」範圍以內,或至少是以「認知」的

「方式」去說的。所以這件事的本身，不論你怎麼說，它總離不開一種「矛盾」的可能，或它根本就是一種「矛盾」。那這要怎麼辦呢？

58　　　　　現在我們就此又可以回到先前，我們嚴正議題之有關亞當與夏娃間之真實關係的問題上來了。

　　本來像這種具有差異生殖器之屬人的出現或存在，只是一種屬「人」存在中的表象或現象。但這種屬人之「人」一旦存在，他就會在同樣屬「人」存在中之功能性之思考與情感的參與、發揮，形成我們一般所謂「個體」、「家庭」或「社會」之「文明」的結果。儘管如此，像這種由具有差異性生殖器之屬人的存在，或其「社會」、「文明」的發展是有其極限的。其主要的原因就在於，「差異」本身所必具有之「相對」、「對立」，甚至是「衝突」或「矛盾」的性質，並不可能達成一種具有徹底「圓滿」、「完整」或整體性統合的、一致而完滿的結果。所以，每當其發展至一極限的程度時，就會有一種理論或一種人的出現，開始尋求此一具有「差異性」之人或社會、文明現象背後，之所以會如此發展之深刻而廣大而根本原因的存在。

當然也不一定每個人都會如此，但無論如何，整個人類歷史的發展結果就是如此，同時這也就是不論屬人的社會或文明怎樣發展，宗教必然會存在的根本原因。

59　　　其實像這一種人類由差異性之生殖器所必引發的，屬人存在中根本而又具中心性之「欲望」的問題，在人類歷史性之演變中，在宗教，尤其是基督教，可有兩種不盡相同之顯現或處理方式：

一種屬大家所熟知之聖奧古斯丁方式。

一種屬大家稍稍不甚清楚之亞伯拉罕方式。

此兩者之間，時間相差兩千多年（亞伯拉罕約紀元前2,500年，而聖奧古斯丁卻在紀元後430年）。若此，使此二者之間的表現果有所不同，乃顯而易見之事。儘管如此，於此我必須坦白地講，也許在形式的表現上會有所不同，但其根本或結果是一樣的。比如說：

聖奧古斯丁在《懺悔錄》中所表達的，多半是以我們在前面所講的「差異」的方式來進行的（如其所言，年輕時之「荒淫」一事即是）。

亞伯拉罕若就《舊約‧聖經》中有限的資料來

看，一如我們一般所熟悉「殺子」為例，他所根本或從事之方式，多是以我們前面所言之「同一」（Identity）方式而進行的。

其間最值得我們注意的事，是紀元前1,300年左右文字發生一事。

60　　　　文字的發生，徹底改變了人類生活或生存的方式。

文字以後，一般而言，它是一種人文性高之城市性文明的型態。從此以後，人與自然的關係大大減少，代之而起的是人與社會、人與人間的關係，其間的媒介物即文字。所以在文字性之城市文明中，它充滿了以文字可記錄並具有某種合理性的各種規範，以營其群體的生活。若以宗教而言，也是各種文字性大規範發展之「教義」的來源。

反之，若言文字以前，則與文字以後幾乎完全不同。因為文字前，和人最近的關係是自然，而且人與自然間之媒介是聲音，而非文字。聲音屬時間，文字則屬空間，所以文字前之原始，不可能像文字後之人文性之城市文明，那麼具有社會或人（文）間之「規範」，所以我們可以「原始」視

之。於此情形下，我們若以文字後人文性高之城市文明來看，由於其人與社會、人與人、人與物間之諸多複雜的關係，不可能不以眾多文字性「規範」（如法律、道德、社會規範或制度等），才能完善地營其必要的生活的話，那麼我們就會發現，那種文字前以原始而稱之的文明，往往它以其非文字性（即空間性）之時間性的聲音表達，可能比空間性之文字世界提供了一種更近自然時間的、更廣大或更深刻的本質性的想像空間。但這也並非說，這兩者之間有什麼高低價值上的差別，反而我們愈能於此差異的兩者之間，找到了人於自然宇宙中，所產生或創生了文明間之一貫發展之真實或其必然性。

61　　　講到這裡，不由得使我想到前面所曾講過有關三種歷史的問題，尤其是其中第二種有關屬人自體性的歷史的問題。以我自身的經驗來說，大概像我們所可能想像到的屬人自體性的歷史，在我們實際的人生中，它似乎從我們出生到十歲左右就等於是停止了。為什麼？因為如果我們六歲開始受教育，大概到十歲前都是一種懵懵懂懂，在於一種以感覺而嘗試的階段。但到了十歲以後，

我們就會自然地進入於由教育所必賦予我們的，認知方式的成長結果。從此我們已不是在那屬人自體式之自然成長的歷史中，而是在認知或由人所必形成之自然與認知相混淆的狀況下，進行我們屬人的歷史，亦即前所言第三種歷史，或即我們已肯定為我們屬於真實認知性高之「自我」的存在史中。關於那十歲以前之全自然或自體式之生活，我們至此已全然呈現忘卻的狀態，甚至我們至老死都是如此。

62　　　　總之，那種包羅萬有而存在之自然宇宙之本體，永遠只是一種不能為人所盡知盡解之物。如果我們一定要以一種認知之方式來看它，那就是：

神、上帝、天、自然、相對論、創世紀或一切向徹底存在而追求之形上學等等。

同樣，對於屬人自然本體的存在，事實也很難當作一種「對象」來加以探討。若以認知之方式而言，那就是：

呼吸、

欲望。

印度奧義書所主張之「呼吸」（或OM）是正

確的，它確實是一種屬人本體性之存在。它隱藏在一切認知世界之背後，但時常是人存在中被忽略之一環。

呼吸如此，欲望一然。它存在於一切屬人存在中各種事物之背後。但人所常常注意的，只是它具有差異性功能之部分，而很少是它屬人與自然本體相一致之根本存在（或一如十歲以前之欲望）。

63　　　明瞭於此，我們再回頭來看，基督教於其近五千年的歷史發展中，會以「文字」為分野，而成為一種「一致」性高卻又果有所「差異」之不同的表達方式，應該是一件可以瞭解的事了。一屬文字前，可以摩西與亞伯拉罕為代表；一屬文字後，可以耶穌與聖奧古斯丁為代表。

於此兩者之間，連我自己都不知從哪一個講起。不錯，按照可記錄的歷史方式言，它們果有所先後，那麼應該從歷史之「先」講起。可是我們所謂的歷史，如果它只是一種「存在」之形式的表象的話，我們又將怎麼辦呢？換句話說，如果我們果然可以從歷史的現象中，真正看到了一種歷史背後果然存在的那一種「內在」性的內涵時，我們又將

如何呢？

總之，困難是存在的，但同樣我們也可以在歷史中，獲得許多正面而深具肯定性之心得，比如說：

做為宗教或哲學中我們必須面對的，屬於自然宇宙自體（即神）或屬人自體（即生命）之兩大命題，對於人而言，永遠是一種難以盡解之謎團一樣的事物。但究竟我們仍然可以對生命或神之不止之極限式的追求（如數學之極限 Lim），總可以達到一種「近」神或生命自體的地步。除非我們在追求的過程中，以某種「認知」的方式而以為可以停止，或果以為我們已達成「即神」、「即生命」的地步，而不再進行那無所止盡的「追求」了，則當別論。不過，歷史的事實清楚地告訴我們，其實這只是一種錯誤或不智的想法。為什麼？

64

因為不論我們怎麼說，既然已經說出來了，它就是一種認知性之講法。既是認知，它就是「差異」或屬人存在中之一種功能性的操作，如善、惡，或一如《舊約‧聖經》中所言，以光、靈、呼吸、吹氣、土壤而有之觀念上只做為「人」自

體存在來看之「人」（其中生殖器也不若我們在差異中所言，認知性高之生殖器之功能，或即功能性生殖器之人文操作）以後之屬人之操作。或即自然呼吸之做為「人」之人之「亞當」以後的，亞當與夏娃相對而存在之屬人，但已是男女之分中之「人」。

65　　　若更具體來說，我們一般所謂之「人」，大家都忽略了它於其存在之根本上，有兩種幾乎可說是完全不同的「人」：

一種是自然生成之人，如那來自自然、光、靈之不可為人所盡知盡解之神祕之「神」的世界的人。

一種是以人而認為自己是人的人，具體說，即亞當之「人」之後的人，即亞當與夏娃並稱的人，即男女，即變異之生殖器之人。

既然「人」如此，屬人之生殖器一然。

一種是自然生成之生殖器，或一如夏娃出現以前，或即只有亞當之「人」之人，而無「人」出現後之有所男女之別之人。生殖器，一然。

一種是亞當之為「人」之人之人出現以後，而

有之（即「自然」生成以後）有所男女之別之生殖
器，即功能、變異，或一般所熟悉之人文社會性高
之功能性高於自然生成之生殖器。

66　　　　　　　以上所言，無論從哪方面看，它都是一種分
析，或找出對於「人」、「生殖器」等所有相關事
物之一種差異性的分析、說明或說詞。不過它背
後所隱藏之真正的意圖，卻是在以一種「認知」
的方式，來追尋一種真正具有存在性「同一」的
可能。於是我們說：

亞當與夏娃不同，

亞伯拉罕與聖奧古斯丁不同，

極樂園與失樂園不同，

猶太教與基督教不同，

同一性與差異性不同，

其所以如此，我們若只以歷史有所記錄的，以
認知的方式可說出來的一切，講良心話，那都只是
些「認知性」之暗示，而其真正的意圖卻在以一種
近於消極的方式，來反證那真「同一」之可能。

而真「同一」就是文字以前，「差異」以前，
或即夏娃以前，甚至是聖奧古斯丁以前。若說得更

清楚一點，人何曾有真正「差異」之認知？何曾有夏娃之認知？甚至是耶穌後聖奧古斯丁之認知？而我們所真正擁有的，只是那一切「認知」以前之「光」與「靈」的存在。

67　　　　總之，若無那「光」的存在，一切俱無。但所謂「光」的存在，在人類文明中，仍只是一個對於連「人」本身也包含在內之「超越」物的一種象徵性之形容。若客觀來說，我們仍可以對此超越物加以不同方式之形容，若「靈」、「神」、「天」、「道」、「梵」等等，各種因地區不同的文明，所必有的一些個別的說法。但於此，屬於人類唯有之「認知」方式的表達之外，卻有另一件是我們所無法否定的事實的存在。比如說：

　　人的存在被包含在那未可為人所盡知之「光」的世界中，但人本身卻必有其自身的出生、成長與變化。他出生是一回事，幼時是一回事，至於十歲或十歲以後則又是一回事。尤其是十歲以後，由於認知等各種教育的存在，他已不可能完全按照其所不盡知之自然方式而成長。於是在「人」的身上，必然會形成一種自然與認知之不同的混然狀況，出

現在屬人存在的過程中。或關於這個過程，我們可以把它叫做屬人存在中之「必然過程」。而此過程的總名，在聖奧古斯丁來說，就是「原罪」。

68　　　　所謂「原罪」，可以說是原始基督教與後世基督教的一大分野。其中不只說明著一種人類於自然中之一大進程，同時也說明著一種屬人本身存在中的一種必然的進程。若在整體基督教中，其更具體的說法，即極樂園與失樂園間之一大分野。但：

只有人才把人變成「罪人」，上帝不會。

因為：

人是被生者，而非自生者。同時也因此，於人的存在中自然也就形成了一種「被生」與「生後」之一大難分難解之人類文明中之最大難題。

其實不論人之「被生」或「生後」，均為上帝、自然等存在以後之事。人既然在自然中或上帝中，其實並無何罪之有，一極而已，即極樂園之事，即自然，即樂園，無罪之事。

69　　　　罪與無罪之間之辯證，是基督教裡面的一件大事。如果我們真想把它弄清楚並不容易，儘管

我們可以藉聖奧古斯丁之《懺悔錄》得到許多真實的體會、辯證或瞭解。不過無論如何，那裡面還是充滿了許多難分難解之辯證上的難題，如上帝之愛本身就包括許多有關原宥、感恩，甚至是犯罪或原罪的問題。信神是一回事，但信不信並非上帝之事，而是「人」之事，而且麻煩就出在這裡。或者這一如上面所說，上帝、神、光、靈等，其本身根本就不是問題，問題在於這些事卻都是由人所指出來的。換句話說，如果上帝的存在根本就不是問題，那麼所有的問題就只在於「人」身上了。雖然在前面我們早已三番兩次地說到此事，不過現在我突然想到說，也許可有一種更簡明之辯證性邏輯的說法，更可以清楚地說明此事之根本。或者就是我們大家早已熟悉之兩句邏輯性的命題：

一句是「白馬非馬」。

一句是「馬非馬」或「法非法」（《金剛經》）。

70　　　　第一句指的是一種形式性文字或名詞間之差異，完全無涉自然、本體、屬靈或自體之事。

第二句則完全不同。它藉一種自指法，直接呈顯一種有關自體或本體之事。

　　所謂自體，它只是它自己，無涉差別，而是一種全自性之統一、同一或整體性「存在」可能。

　　不論在哲學或宗教中，「自體」永遠是一個極其奇異的名詞。人類於其文明中，既然造論如此，它就是一個充滿謎團之多元性的名詞。

71　　「自體」一詞在哲學中，絕對是一個奇異之名詞。它的存在毫無疑問是由「人」而提出，但它卻無法對「人」的存在，完成一種不論在形式或內容上，完美的「自體」性的指向。換句話說，若由「人」而指出的「自體」一詞，無法直涉「人」自體的指向（一如數學中所指之 self-reference），那麼我們對「人」一詞的存在，又將面臨怎樣的處境呢？

　　其實這也一如康德所言物自身，亞里斯多德所言 Being-is-itself，或形上學中所言「本體」是一樣的事。於此只有一事是我們必須要注意的，既然自然宇宙中任一物都必有其自體的存在（或自然宇宙本身一然），人乃自然宇宙中之一物，自然也

有其自體的存在，或謂「人自體」。但我們所謂之「人自體」，和其他自體物的存在果有所不同，因為我們一般在哲學或數學中所指出的「自體」，事實上都具有一種靜態的、形式的客觀物，而「人自體」卻是能「指」出其他自體物之幾近於一有所力量，或活的主體性高之自體物。若說得更具體一點，即人自體的存在乃一「活」之物，而非一形式設定之「死」之物。其實說起來，這個意思也許不清楚，也許看似沒什麼重要，不是，嚴格來說，它卻是一切宗教「產生」或其教義的根本基礎。

72　　　自體若只涉數學或形上學，其結果就會出現「矛盾」，或「不可知之論」（如康德）。

　　但自體一旦涉及「人自體」，它就不再是「形式」、「矛盾」或「不可知之論」了。因為人不同於其他，他是自然或自然自體中之唯一「認知」者，所以他的討論，基本上永遠在一種「三元論」的模式中，來進行其真義的展現。其中最為顯著者，莫過於希伯來式之基督教與中國三元論之基本模式（如《易經》三劃即是）。尤其是基督教中，不論舊約還是新約，如前所言，「光→靈→人

（亞當）」或「靈→魂→體」，甚至中國古典哲學所言「天→人→地」等，都可以說是三元論中之代表作。但三元論本身並不是一個在認知上可容易瞭解之事。

73　　　　所謂三元論，一不是一種理論性三層次的問題，二亦不是一種對於平面事物之三種面向的講法，反之，它卻是一種屬人文明表達中，對於一元絕對論（如神）之結構性的講法。我想，這樣的講法也不是一種被人所容易瞭解之事。簡要說來，一切因人而有之文明系統，都必是一種二元性之形式設定系統，如時空、主客等等。

　　所謂二元、相對、差異、主客、時空等，均無非是因人而有之形式設定物，換言之，它們因人而有，但人本身並不包含其中。反之，若「人本身」不包含其中之因人而有之形式設定物，事實上，它就不可能是一種「存在性」高之完備系統，或其中更充滿了「矛盾」與「不定」之可能性。反之，若我們真正把因人而有之形式設定系統，連「人本身」而包含進去，它就不可能再是我們一般所熟悉的，深具「客觀性」之二元系統，

而成為一種超越之形式設定而真加入另一全然使形式可能之「屬人」的存在項之三元系統。所以，所謂三元，就成為一種不能用任何二元可真解之多一元之神祕系統。或我們也可以這樣說，所謂三元，即其中有一元是無法用任何其他「一元」來加以盡解之系統。其實這就是一切出現在人類歷史上，具有神祕、不可能之宗教、形上學，乃至各種神祕主義之根本性質與來源。

74　　　　知此，哲學之最後必與宗教相關。或者我們也可以這樣說，人存在於大自然宇宙中，若以人所遭遇各種情況或刺激來說，最後他在宇宙中所留下的痕跡，就是我們所謂之「文明」。如：

從自然到人文，

從原始到文字等文明，或……

從亞伯拉罕到聖奧古斯丁，

從兒童到成人，

從同一到差異，

從統合到分析，

從原初到……等等。

這一切如果都是按照自然的方式去發展或變

化，就不會有什麼大的衝突或破壞性的結果。不過在人類的存在中，其文明的變化往往並不是如此自然而順利，反之，其中卻包含了許許多多出其不意之斷裂、忘卻或完全離開自然的方式而進行下去。於是：

兒童與成人之間斷裂，

自然與文字之間斷裂，

原始與人文之間斷裂，

本體與現象之間斷裂，

同一與差異之間斷裂，

統合與分析之間斷裂，乃至：

自體與形式之間斷裂⋯⋯等等。

所有這些狀況，似乎都不是由於自然原初性之存在而形成，反之，其斷裂都必由自然原初性事物以後而形成。或簡單來說，就是因為在「人」的存在中，那一種非「人」自體或「人自體」後之純屬人自覺性之成為「個體」之人的存在或形成。

其實說起來，這也就是為什麼在基督教中，我們一定要把亞伯拉罕和聖奧古斯丁分開來討論的原因。

75　　　　本來亞伯拉罕和聖奧古斯丁所講的是同一件事，可是隨著歷史的演變，卻出現了那麼大的不同。於今按照前面所述，可究出兩個根本原因，可比較清楚地來回答這個問題：

　　一、一個是關於屬「人」存在之定義的問題：

　　按照我們在前面所曾提示過的，有關「人」的存在面向來說，「人」可以有四種不同的可能定義：

　　（1）第一種「人」，即我們在前面所言「自體之人」或「人自體」。他即非因他而生，亦非因人而有物中之人。他一如自然宇宙般自然而有或誕生之宇宙或「人」的存在。若更具體來說，即一如舊約所言亞當之「人」，他是一口氣，或呼吸。若無呼吸，亦必無人的存在了。至於其他對「人」所言之「人」，恐怕他都必是因呼吸而後有之人了。

　　（2）第二種「人」，簡單來說即製造了「文明」的人，而且是以一自然原創性的方式創製了文明，所以基本上，他是與「人自體」之人最為接近的人。或一如愛因斯坦所講，「直覺」與「形式」之間的關係一般。不過，於此有一件事是我們必須要加以面對，並需要加以說明的，儘管不論我們怎麼說，都很難達到一種盡如人意的準確程度。

那就是說，做為第二種人，他既然創製了文明，那麼所謂「人自體」的觀念不可能不包含其中。但如果它只是一個「觀念」而已，那麼對於一個真有能力創製了文明的人來說，他可以以其創造的能力或作用，不去過分關切這個只是文明中的一個觀念。但相反地，如果所謂「人自體」的觀念，並不只是文明中的一個觀念，而是一種存在的「事實」或「真實」，那麼這個創製了「文明」的人，事實上，他就不可能再只是以創製文明的觀念，來看待這個文明中所必然或可能涉及之「自體」的人或「人自體」的問題了。說起來，這不能不是一個做為創製文明的人，所必面對做為「人自體」與「創製文明之人」之間之一大難題了。或哲學一旦觸及宗教，就算是碰到了它最大的難題了。

76　　（3）第三種「人」，是我們最熟悉的，也就是和我們一般最為接近的人。因為他是「因人而有物」以後的人。如「因人而有物」就是我們所熟悉的「文明」，那麼這種人也就是被「文明」所涵蓋，或即「文明」中之人，或一種最嚴厲的講法，即一種被「文明」所淹沒的人。於此情形

下，這種屬於人類存在中之第三種人，將與上面所言第一種來自自然呼吸之純屬「自體之人」（因為沒有人可以代你呼吸），與第二種果有似「自然」遺傳之有所創造能力的人之間，形成一種大反比的狀況。這也許是由於「忘卻」，也許是由於「認知」上之偏差或能力不足，乃至一種不智的選擇等因素，使他參與了一種明明第一種人與第二種人之實質存在，必然仍在任何情形的存在或進行中，亦然在執行其自然自體性存在的本質能力（或至少人都必有一些「自然」的自私能力，與想像力的存在吧！），但人卻偏偏將此自然存在之屬人的系統反轉，使文明掛帥，並使「自體」與「創造」如看不見的隱含部分一樣，將此三者混淆不清地，進行其所謂之文明人的文明工作。

如前所言，所有文明均為因人而有物，亦即均為一缺乏自體項之形式設定系統。其發展的結果，不可能不遭遇矛盾、衝突，甚至是一種極限式的，無所終極項之不可真解系統。最後，終必會有一人出，看清楚這些發生在「人」或他自身上之種種過程。他自然會按照「人」的方式，卻不限制在「因人而有物」中，設法尋求一種屬人本身之完整存在的過程或存在之事實。這很難，在人間或社會中更

難。但無論如何，人終究是「人」，於是聖奧古斯丁的故事就自然而然應運而生了。他就是那種我們於此所提出的第四種「人」。

77　　　（4）所謂第四種「人」，實際上就是以上三種人的統合，只是統合或一種以上三種人之整體性的展現。它不可能只是一種單向系統，反之，而是一種雙向系統，或我們也可以把它叫做開放的還原系統。一種自光、靈、本體或自體形式性地，向下開放性的展開，一如自然的創造或屬人之創造。它開放的結果，就是一種形式的顯現，如宇宙萬物或「人」的出現等。但一切因人而有物之設定性的形式系統，由於其所必有二元性之差異變化與進展，最後都必遭遇「矛盾」或「不完備」的結果，所以，當人不論是「經驗」或「形式」面臨這一種情形時，自然都必向其原初使這一切成為可能之「屬人」、「自體」而回歸，以尋求更大、更具「存在性」之創造的可能。只是當我們一旦將一存在性之事物，賦予一形式的表現時，即刻它已成為一深具「差異」性之功能操作，其最後幾乎完成一種理想性之完備系統，

實際上卻反而成為一到處都出現「矛盾」、「衝突」、「不一致」，尤其是一種「不完整」的表達。於是，由此只要我們有能力不放棄那種「存在性」高之理想的「完備」、「同一」而「一致」的系統，我們發現，在人類整個文明的表達中，只要我們從未放棄那同一而完備之整體存在系統之可能，原來那種向理想追求的力量並不存在於具有差異性之矛盾的落腳處，而是那一切充滿「差異」、「矛盾」、「不一致」之開放系統呈現時，它早已隱含在此開放系統背後，自會向存在性「還原」系統之力量的原初性的事實中了。

78　　　　原初是「它」，不論經過如何繁雜之屬人操作過程，終必仍舊是「它」。而所謂屬人之人文的操作過程，其實就是我們「人」以其所必有之功能或技術操作所形成的，幾幾乎是無所不包之「文明過程」。如果說屬人之文明操作，果然可以解決屬人存在之難題與需要，那就不再有還原性之「宗教」存在了。反之，一切人文操作之充滿技術與直覺功能的操作，若只不過是「因人而有」之形式性的設定系統，那麼其結果即必須以人所

遭遇之矛盾不可解，必然而自然地走向了屬人存在之原初之還原或回歸的路程。於此，只是我們所一定要弄清楚的是：

「始」與「終」雖然可以是同一件事，但其中經過了一種「屬人」之操作，至少在形式上已有所不同。如：

「嬰兒」是「人」，「老人」亦是「人」，若老人以還原而回歸於嬰兒，這兩種嬰兒事實上已有所不同。

此事若在數學上並不構成什麼重大問題，如自體與形式之差別，或集合不含其「自體」等，我們只要把它們列入「矛盾」之列，就可以暫時擺脫其中所含有令人困擾的問題了。可是這件事一旦超過一般「形式」，而訴諸於「人」本身存在的狀況時，它就絕不是任何形式，單方面可解決或擺脫其間所必有的困擾了（如矛盾）。

二、為了更清楚地說明或解決這些問題的困境，除了我們在上面所提示之以「人」看文明，而不以文明方式看文明的方法外，下面我想再提示兩個名詞的分辨：

一為發生性的顯現。

（Genetic Manifestations？）

一為辯證性的操作。

（Dialectic Manipulation？）

79　　　　所謂發生性的顯現，指的是一種純自然而未經任何人文鑿痕之純自然而存有的事物。如大自然宇宙之自體性的存在，或一物包含其中，同樣也未經任何人文技藝性處理之純自然而存在之事物。關於這種事物，在人文歷史的表現中，一般言即神或一切「自體」性的事物（人、物，一然）。

　　反之，所謂辯證性的操作，顯然與上者幾乎可說是完全不同。它是「自然」以外之全人文操作的一種辯證手法，如文字與符號性的操作然，其形式可有「絕對」的設想，相對、相反、矛盾，乃至量化、圖形等。形式上來說，它可以在「說明」（一物）上，得到某程度之一定效果，可是在以上所言「發生性顯現」一物之實質內容上，可能成為一愈來愈遠，或不得其存在性真跡之結果。

80　　　　以上反反覆覆講了那麼多，其實只是為了更清

楚地使大家可以切實地瞭解，亞伯拉罕與聖奧古斯丁之間文明表達上的差異。這樣雖然確實囉嗦了一點，不過下面我還是想再舉一個，比上面在方法性說明上更簡要的一種辨別方式，那就是：

（一）、由屬「人」之自體，不經任何工具或媒介物，直接形成一種表達（或一如上所言「發生性之顯現」）。

（二）、由屬「人」自體，通過一種形式、方法或工具，然後才形成一種我們一般所熟悉之形式上「合理」的表達。

這兩種表達，從結果來看似乎是相同的，因為它們最後都是一種「形式」的完成，但這兩種形式實際上是完全不相同的。

因為（一）、所指是：自然→形式（或一如發生、原創或創造等）。

（二）、所指是：形式1→形式2（或一如方法→對象）。

81　　　　　以上之所言，即：

同一與差異（Identity & Difference）。

發生性之顯現與辯證性的操作（Genetic

Manifestation & Dialectic Manipulation）。

　　由人（自體）直接創建理想之文明（如創造、頓悟等，或 creation、enlightenment、Heavenly Revelation）。

　　由人（自體）直接創立設定性之形式規範，然後再延伸至其他（如求真知之科學、數學，乃至藝術等，或 creative axiom + Extention）。

　　這些方法或方式，在我來說，完全是一「主觀」上說服我自己的方式。它一方面說明上所言亞伯拉罕與聖奧古斯丁之間之差異點，另一方面，我更想藉此進一步地說明或證明，我所認為之人類文明中，原始基督教以「光」與「屬靈」所標指之根本教義，是其他宗教或文明所無可取代之根本精神。而我之所以於此敢於做這種很難被人完全瞭解或接受之主張，其實對我來說，它來自於我快四十歲時所提倡的，關於哲學或整個人類文明發展的一個根本原則，即：

　　「形式遞增，存在遞減」原理。

82　　　整個人類文明之形成或存在，無不是由「自然」與「屬人」兩大存在性之實體的存在與相互

作用，然後在屬人存在的進程中形成靈感或創意，根據其自體之生存與需求，再發明工具、方法或各種符號性之規範，以形成一可記錄性之成果，即我們所謂之「文明」。

但根據人於自然中所獲得之「創意」，為了生存、需求、抒發，或各式各樣的向前自然的發展，將文明達到了多麼具有極限式的發揮或成果，事實上，它距離人類存在中所必有之終極的理想（如絕對、神靈、上帝、天、梵天等等屬於自體性的事物），永遠有一個幾乎無法逾越的鴻溝。儘管如此，我們仍舊不遺餘力地，在不得已之「形式遞增，存在遞減」的原則下，向真正具有存在實體性之理想世界邁進。

於此情形下，不可能有一種「方法」可以涵蓋所有的內容、對象，或者，也不可能有一種對象，果然可以以一「唯一」的方法所確定。

同理，沒有一種真正理想之存在實體，可以被因人而有之方法或形式所涵蓋，等等。

在人類文明中，只有盡一切方法（即形式遞增），或更達成一種因人而有之形式表達，達到一種極限的時候，才有可能使人在文明中，以方法而更逼近於存在性實體或自體之可能。其實這就是

「宗教」必然存在的價值。

83　　　　「形式遞增，存在遞減」確實是形上學中一重要原理。但毫無疑問，它是在「人」著眼於屬人存在中之形式表達方面而言的。不過在另一方面，若根本就沒有一存在性之實體或自體的存在可言，「人」又有何創造性之形式表達可言？所以，若相對於「形式遞增，存在遞減」原理，我們若著眼於「存在」本身而言，我想它在形上學中之表達方式應當是這樣子的，即：

　　「存在永存，形式其形」。

　　這樣子，我們可以獲得另一種對待一切存在性實體或自體之方式。其中最重要的一點是：

　　不論形式性之認知具有如何「變化」的特色，事實上，卻有「一物」從來未曾變過。我們一般所謂之「變化」，也可以說，只是那存在性之實體或自體物的一種形式。當然所有的形式都必是因人而有物，所以，於此假如我們仍舊想以形式，來描述那實體物的存在，恐怕只有一種方式方能稍稍言有其實。此亦無他，即我們一般所言有關形上存在物之「三元論」。

84 　　換言之，真正具有存在性之實體或自體，根本就不可能是一種形式上絕對的一元論，當然也不可能是一種形式上相對的二元論。所以，一種真具存在性之實體或自體物，若相對形式而言，它之所以是一種必然的三元論，它實際的意思是說：

　　如果所謂「變化」或一「變化系統」是以「始→過程→終」之結構而存在的話，那麼於其系統中，等於說沒有一項是真正完整、合理而確定的（包括始項、過程項或終了項）。於此情形下，當我們說一真具存在性實體或自體的存在，它之所以異於一切「變化系統」，等於說：

　　始項是它，

　　過程項是它，

　　終了項是它，

　　亦即，

　　包含了所有變化項之無變化之統合項。

　　簡言之，即：

　　包含一切變化項之不變項。

85 　　以上這些說法，也許令人難以瞭解並接受，不過它確是存在於人類文明中之一種事實。尤其當

我們在生命或哲學，一旦觸及於它終極性的瞭解或解釋時，它恐怕是一種屬人命定式之必然的面對。因為：

宗教在人類文明，是一個真正驗證在哲學中所言，存在性最高之實體或自體存在與否之事。甚至它的存在，幾幾乎我們無法以我們既有的文明中，不論它已發展到多麼理想的高度，都無法以我們既有的，不論是文字、符號、方法、工具，乃至各種認知方式，來加以正面、完整或合理驗證之事。

宗教確實是人類文明中，唯一「超表達」之事物。它不屬於任何因人而有之形式設定之認知的世界。它唯屬於它自身之真存之自體的世界。可是它卻必是因人而有物，與「人」本身相關。因為「人」本身的存在，不可能在因人而有物之「認知」範圍外，亦即人本身或其自體必在因人而有物之外。如果我們仍以因人而有物（即文明）來看人自體的存在，那就等於說，我們在文明中把「人自體」、「絕對」與「認知」三者糾合在一起，以至於混淆不清的地步了，即無真宗教發生的可能了。

86　　　　　　反之，在人類文明中，宗教的存在乃一種必然

而自然之事。那麼於此情形下，我們一定要以人的方式呈現之的話，恐怕一定要在一充滿謎團式之矛盾夾縫中，來尋求它存在的可能方式了。比如：

一、人必須有能力以屬人自身之自體之方式，來看待一切因人而有物之「文明」，而不被其所反控的地步。

二、人有能力以一「自體」之方式，來看待一切因人而有物之「文明」，並非將「文明」徹底放棄，或至一棄之不顧之地步。反之，而是以一自體性之方法涵蓋能力，將之發展至於極限的地步，以向屬人真自體的存在而逼近。

三、人不至於此地，便很難以一自體與方法一致性的基礎，使我們果然可以切實地，開始面對屬人自體性的追求真具實體性的「絕對」理想，即「宗教」的存在。

87　　　　尤其在數據發達或網路鋪蓋全世界的時代裡，不論人的生活、思考或大腦，幾幾乎可說是在一全然被洗腦般的狀況下，要想使人還保有一種超越一切因人而有物的「文明」，並向屬人自體的存

在形成一種真切的要求或潮流的可能，早已是一件不太可能的事，更何況是一種真具存在原創性的宗教，更早已不在人類文明性的思考中了。

以上所言，如果果如我們想像的屬實，那麼在今天我們看「宗教」的問題，必須要和我們在過去的日子裡把宗教當做是一種謎團一樣的極高理想，或一種泛泛當做是我們所熟知之各種不同宗教中，選擇一種「信仰」的方式來處理之，必有所不同。以我而言，有三種要領是我所採取之方式：

一、第一即對基督教「中心」或「本質」性的把握。或如前所言，所謂基督教教義之「中心」，當然是「屬靈」的存在。

二、但所謂基督教中心教義之「屬靈」的存在，於此若以「認知」的方式來看它，它並不是一個「靜止」、「不動」或「死」的東西。如其屬靈的存在為一「活物」或「根源」，它就必有所延伸或變化的存在，或其結果就是我們一般所謂之「文明」的存在，甚至連「極樂園」、「失樂園」、「欲望」、「原罪」等等統統包含其內。

三、至於說，此一屬靈之屬人認知性之延伸中，會達到如何終極的程度，至今我們仍然難以有所確定。但其中有一件事是我們可以有所確定的，

那就是：

　　屬靈本身的存在，以認知的方式一旦延伸至於某「極限」的程度時，它就必然地走在一條「還原」的路線，向「屬靈」本身而回歸，否則它就無法繼續形式性地延伸下去。因為唯屬靈本身的存在，才是一切人類所習慣性認知文明世界之所以可發生或繼續進行下去的根本源頭與「力量」。

88　　　　好了，至此為止我們可以知道，一種真屬實體性之「屬靈」、「天」、「絕對」、「統合」或「神」的存在，如以屬人的方式來看，都必是一種認知性高之三元性之「開放的還原」系統。

　　而我們在文明中之所以必須要有以上所言，繁繁複複之認知性之說詞，就是因為人類在工具性操作（如文字、符號等）的文明中已活了太久，早已將此文明成為可能之原初文明，或更前之文明基礎之實體或存在性的原本狀況，遺忘殆盡。所以為了重新喚起人類對於「文明本身」與「人本身」之間的真正真實而完整的瞭解，不只是如前所言，要深切地分辨亞伯拉罕和聖奧古斯丁之間，有關基督教基本教義之形式說詞之間的差異，同時我們也可以

藉亞伯拉罕與聖奧古斯丁之間差異，引申性地瞭解
其後有關基督教因時代不同所必涉及，對基督教基
本教義間也有所差異之發展等等。如馬丁‧路德以
後，乃至涉及十九世紀後，基督教內部所涉有關三
元論、二元論之論爭，等等。

89　　　　所謂「三元論」，其實它是人類文明史中，不
論哲學或宗教所必會遭遇的問題。以我看，歷史
中不論哲學或宗教所必遭遇之三元本身，或三元
與二元之間之爭議的問題，其根本問題並不在於
三元、二元之間之爭論，反之，而更在於我們對
三元本身怎樣去解說或看待的問題。

　　簡單來說，一般所言三元論，基本上它既經
「表達」，實際已是一種「認知」的問題（或至少
在形式上是如此）。不論《聖經》上所言「靈、
魂、體」或中國人所習稱之「天、人、地」一然。
但在另一方面，我們也清楚地知道，宗教或一種屬
人生命的哲學，它絕不是靠了「認知性」的表達，
而有所徹底地達其「目的」。因為屬人就不是「認
知」，或如上所言，認知反而是因「人」而有之
物。所以，當我們說到三元的時候，如一種叫做認

知的三元論，那麼另一種真正和屬人的生命或宗教相關時，其三元絕不是任一種認知性的三元果可達其真義，不得已，我們應該在認知以外，還有一種果可達屬人生命或宗教真義之三元，我們可以把它叫做屬人自體之「三元」。

90　　　　所謂屬人自體之三元，即不再是因屬人而延伸之形式性之三元。或具體來說，不再是屬人身體以外之三元，即屬人身體之內的三元，或即不再是以任何屬人身體以外之工具或符號而表達之三元，而是以人屬人身體本身而有所表達之三元。而所謂身體之內，即不是文字，不是符號或任何具有了外在形式性的表達。當然這種說法，幾幾乎很難使人瞭解我到底在說什麼，更難有所說服力。而且，事實上我自己也很清楚，只要是表達就不可能不以某「形式」而來完成它。只是於此所謂之身體之內的形式，和身體外（即由或因身體）而有的形式果有所不同。其中最明顯的不同在於，身體之內的形式是指於整體之人的存在中，以身體本身而為其形式，而不是以因人而有之外於身體存在之工具、符號、文字而有的形

式。如具體而言，它是一種屬人之行為模式，而不是一種文字性之說詞、理論或辯證。它屬於身體本身或其內，而非其外。若就宗教本身言，它屬於屬人本身之一種純粹的行動，而非任何形式性的教義或說詞，或其總名即為我們所熟悉之「儀式」。

91　　　　儀式一事的存在，任人皆知，但未必真知其詳。若想瞭解一種宗教之真實意義，恐怕仍不能不以「文字」的出現為其最大關鍵。換句話說，文字以前是一種「儀式」，文字以後則必為另一種儀式。其中最大的分別，即：

一者，來自無文字以前之自然。

二者，則來自於文字後之人文之設定。

介於兩者之間，於基督教而言即摩西的時代。其近文字之「十誡」，不但是基督教教義之初始，同時其中也已含有了最初之基督教之基本「儀式」的存在了（如安息日即是）。

從此我們就可以再回到我們先前所言，有關亞伯拉罕與聖奧古斯丁間之差異性之根本意義與來源了。

其間所謂之差異，即儀式與教義之間之差異，但也可以說是兩種不同時代間之「儀式」的差異，或兩種不同時代間之有關「教義」間之差異。若只以文字言，似乎教義所言比較重要，但若以宗教「原始」般之教義或表現而言，可能所謂「儀式」才是一種真正具有宗教「存在性」的意義，可能所謂「儀式」的存在，比一般文字後所習慣之「教義」，有著更大、更重要的意義也說不定。

92　　　關於「儀式」一事的探討，恐怕還是要從我們前面屢次講到的，做為基督教基本教義之「三元論」講起。

談到三元論，一如前所言，我們一定從兩方面講起：

一種三元論是以「人」本身以外的狀況講起，換句話說，也就是一種「認知性」之三元論，同時這也就是一般我們在文字以後，果然可以文字表達的方式而有的三元論。如文字在紀元前1,300年左右產生，那就是以摩西為代表所講的三元論。但當摩西時，實際上並談不到已完成以文字所表示之三元論，但於十誡中，第四條已談到安息日的問題，

而所謂「安息日」，已是我們講基督教「儀式」所必須要注意的問題。有關此者，等我們在後面講到「儀式」本身時再講。

另一種三元論，就是我們前面所言「人」之內的三元論。其實所謂「人」之內，和「人」之外的不同就在於「文字」。或所謂「人」之內即無文字，而所謂「人」之外即有所文字，或一切由某形式在「人」之外加以形式性的延伸或表達之意（即認知）。所以，於此我們極需要發問的是：

一、於此為何要講身外之三元論，它又何所來？

二、如身內無文字，又何有三元之論？

三、或這兩者之間，又有何複雜的關係？等等。

其實說來說去，其中最中心的關鍵就是，我們在前面一直講到之基督教中心教義之「失樂園」之事。

93　　　人類既然已經活在失樂園的狀況中了，那麼，按照人類所必有之理想性的要求來說，他不可能不再從失樂園中，設法重回樂園的可能。其實這種從

失樂園設法重回樂園的要求與過程，就是整個基督教主要教義著義之所在。簡單來說，這就是基督教基本教義之「認罪」與「救贖」的可能或實踐之所在。或最早把這件事不論在經驗與辯證中，聖奧古斯丁確實完成了一次最大的功勞與感動。

但原始基督教、猶太教或亞伯拉罕，和文字後聖奧古斯丁之間的差別，並不是只就文字性教義上的辨解或辯證，就能徹底地瞭解並無所遺漏的。因為文字前後，對於人與其文明的發展，幾乎可以說是兩個完全不同的世界。文字本身自其醞釀至完成亦有千年之久（約自紀元前3,000年至2,000年以後，或其實際的完成約在紀元前1,300年左右）。若以具體的考古而言，即人類古文明自陶器時代以至於青銅時代，或青銅時代即已進入文字的時代，至於文字之快速而高度的發展，多在紀元前500年，這也就是人類古文明中，哲學形成的時代。其實基督教的發展亦與此相同，或聖奧古斯丁大辯證之教義的完成，於此可為一基督教之最大代表。

94　　　　如文字果然是文明發展之一大關鍵，其要領在於：

一、所謂文字以前，即指人與自然間保持直接關係之器物文明時代。而所謂器物文明，一般即指石器、陶器與青銅器等。但石器時代離我們較遠，於此先不去管它，至於青銅，實際上它已進入文字時代，所以我們也不去管它。最後，所謂文字以前，其實際所指，即實際之陶器時代。而陶器時代之基本表達即一「圖形」式之文明。但其圖形，卻是做為一切文字形成基礎之象形表達（時間約紀元前4,000年頃，而且所有古文明在形成我們現在所習慣之「文字」以前的基礎，均其如此）。

　　二、由此可知，文字前後的差別，就是圖形與文字間之差別。而圖形之所指，乃以自然器物（如陶器）表示之人與自然間之直接關係。至於文字，其所指乃人與自然間，由「人」所完成之一種設定性高之形式表達或說明系統。其間之差別不可為不大。

　　或者於此有一事我們必須要弄清楚，那就是：

　　其實不論「圖形」或「文字」，都是一種「形式」。只是，我們說文字前是一種人與自然間直接關係的「圖形」，仍只是以文字後之「形式」觀，來看文字前之不是「形式」之圖形，這也是一種形式。其實兩者間之不同，絕不只在於「形式」而

已，因為：

如果真是在文字前之形式，它指的是人與自然間的直接關係。其文字性更具體的說法，應該是指一種自然而存在性高之「整體物」，而不是任何以文字或文字之內的整體物。就算是以文字而言，所謂真正具有存在性的整體物，實際上只有兩種：一為「人」或「生命」本身，一為「自然宇宙」或即「神」本身的存在。但此二者，均非文字所可有所盡言之物，反而所有文字後物，卻均本於此二者而來。

明瞭於是，假如我們真有能力將所有文字後之說明物，都歸諸到文字前或文字外之屬人生命與自然宇宙之不可盡知、盡言之兩大「整體物」的話，那麼於此我們就可以為所有我們在前面所講的論點，找到了它屬人生命本體存在的歸宿點上了。因為兩大整體物中，屬於自然宇宙本體的存在，如「神」的存在一般，我們又能比屬人生命本身的存在之外，多說些什麼呢？如不能，那一切文字前的表達，不論是圖、整體等等，其真所指只有文字外之屬人自然中之身體而已。

95　　　　　我們想想看，一種於真自然（或神之內）之全無文字之屬人整體的存在，除掉他自然身體外，又有何他物可言。而這個真正自然中屬人本體之身體的存在，就是他的形式，而此形式無法超出他自身之外，否則即此身體形式性延伸之「文字」的存在。反之，若屬人自體之身體本身就是他的形式，若說得更具體些，即我們一般所言文字外，屬人本身真實的宗教表達之「儀式」。

96　　　　　真正的儀式絕不是一般，一直到我八十歲以後，我才通過各種認知、辯證或說理的方式，逐漸逐漸地，總算走到了我終生都熟悉卻永遠走不出的「儀式」一事。它不是形式，但它卻必須以某種非形式之形式，唯向自身和上天表示出來，它在我的裡面，但我只能以「自身」感觸到它的存在，或其果為一「形式」之「儀式」。只是說，我們終於清楚地知道了（其實是感覺到了），我們已有了一個真正的身體，或者我們所謂的「我」，其實只是一個身體罷了，但這卻是一種多麼新奇的事啊！

97　　　　當我們還蹦蹦跳跳的時候，我們從不知道我們有一個身體。但當我們坐下去就難起身，或站起來又難以下坐，更何談深深蹲下，更難再跳起來時，慢慢、慢慢我已逐漸清楚地知道，我們果然有一個身體的存在。不過無論如何，仔細想來，那並不是因為我們的老化，反之，而是因為那不可知之真靈的存在，它似乎只是一種我們永遠都弄不清楚的力量，它永遠伴隨我們並令我們成長，甚至它令我們出生、長大、思考並向一切可能者，以一種同樣不可盡知之好奇心在追問、探求並向它靠近。最後那衰弱而老化的身體，清清楚楚向我們宣佈那「身體」的訊息，它不是因為老化而發現「身體」的存在，而是那「靈」。於是我們從此更靠近了那真靈的存在，甚至它們已化為一體了，於是我們仍在「活著」，更像是真正在「活著」一樣，它繼續著，或直到永遠。

98　　　　當我們活蹦亂跳時，我們根本不會應用我們的身體，甚至是亂用或莫可奈何地在操作我們的身體。只有當我們把我們的身體，自以為是地糟蹋到了一種極限時，我們才開始感覺到同一個身

體中之那靈的存在。它已在那裡默默地沉重而發光，並向內、向外穿透了我們的身體，使我們的身體果然成為它自己時，我們也同樣發現我們所擁有的身體，在那屬靈之光穿透性地照耀下，它已是多麼的好用啊！一切真正的「儀式」，或即生活、行為本身，它正確地向我們證明了此事的存在。

99　　　一種絕對性的存在，是屬人生命中所必有之最高理想之指標或設定。但實際上，做為一個「人」的存在，那是一個我們所永追不捨，卻永遠是我們拚其終生都無法達成的目標。儘管如此，卻有一件事情發生了，那就是說：

　　　一種真正的絕對，它必定是在我們的外面（或連我們自身也含其內），而且我們永遠都無法揭發它真正的面目。不過另一方面，它又必然地存在於我們的裡面，或至少它是一個被我們所認知之概念吧！事實上，就是因為這一種充滿了謎團一般，並令我們百思不解，甚至是充滿了「矛盾」的事實，卻使我們被糾纏在這種謎團般之存在的狀況中，又有一件事情發生了，那就是：

在可知與不可知之間，我們終於找到了全然屬人本身之既自然而又完全的身體。或如上面所言，它好用極了。它既無言詞，更無文字，既談不上出生，更與任何認知無關，但它好用極了。從此它成就了人類最早高度智慧的表現，而它的名字就叫做宗教的「儀式」。它是一種形式，但卻只是我們全自然身體的存在與事實。假如它與我們所習慣的文明相關，那就只有「崇拜」一詞當之。

　　但當我們以我們全自然之真身體，於大自然宇宙中進行其上上之神之崇拜時，我們不一定真正清楚人果有其崇拜一事。反之，其崇拜也只不過是一種屬人全自然之身體，於大自然宇宙中進行其全身體所必有的，具有某形式性之行為模式而已。因為：

　　身體就是身體，在自然真神之統合其光的世界中，它就是一種最自然之「屬人」的形式。身體本身業已是自然中之最最確切的形式了，所以它不再需要屬人以外之任何形式的描述，同時從此也就清清楚楚使我們明白了亞伯拉罕和聖奧古斯丁之間之基本差異。說清楚了就是：

　　亞伯拉罕是屬靈之純身體之形式，無他，即儀式而已，即真自然全人對自然本體上上之神之

崇拜。

聖奧古斯丁亦屬靈，但他是文字後之待罪之身體，所以他要以靈感加文字後之辯證方式，來找回他原本超自然之身體之崇拜。他屬失樂園之後之罪與救贖之「教義」者，而非全自然之「儀式」崇拜。換句話說，聖奧古斯丁和亞伯拉罕之間，由歷史之演進所形成之差別，幾乎可以說是，聖奧古斯丁以其深度文字性大辯證之方式所講的光與屬靈，把亞伯拉罕那全無文字或言詞辯證之純自然身體力行之儀式代換掉了。同樣這也清楚地說明了，失樂園與極樂園之間之根本不同點。至於其他，前面已說太多，此不多贅。

100　　　「儀式」，也可以說是一種「形式」，但若以基督教而言，確實有它與其他宗教的儀式有所不同。或許在下面，也可以基督教所言儀式之代表，如「安息日」，簡約地加以說明，以結此文。

「安息日」一詞，一般言是出於近文字之紀元前13世紀之摩西之十誡。若言其文字前之狀況，即可追溯到紀元前2,000年之亞伯拉罕。其後通過耶穌之劃時代之過渡，終至於基督教義式之方式

所完成之使徒與聖奧古斯丁之大辯證之成功，這也就是基督教以大過於「儀式」之「教義」時代的來臨。

所謂安息，如為平安而和平，這是可以理解的（或如希臘人所言Harmony and Balance），如為有所息而止，在另一方面是需要我們再加以深思與理解的。當然，若以文字所記錄之「創世」而言，我們仍可以取得一般的認識。如上帝用了七日之時間而創造了「宇宙」等等。不過，於此我們必須要加以深思的是：

做為一個上帝真創世中被創之「屬人」的存在，我們真能以我們的想像力，真知那上帝真正創世之原本之事實嗎？

我想這是一個「事實」的問題，根本不容我們有任何文字或言辭性之饒舌或狡辯。

不過，在另一方面，我們也清楚地知道，做為一個上帝真創世中之被創之「屬人」的存在，又怎麼可能不以其上帝真創世界中屬人的想像力或原創力，終其一生不為真知上帝真創世界之原本之相貌而努力並有所真知！

我知道於此兩種創世之間，必有所差異（至少在認知上）。但到此為止，這已不是我們在上帝原

創世界中，果有所真知之中心性的議題了。因為：

以一個被創之「屬人」之想像力與智慧，要想獲知那上帝真創世之全部真相，那是一件完全不可能之事。不過，儘管如此，做為一個被創「屬人」本身之真實存在來說，他卻對那上帝真創世界本身，也從未有分秒的「離開」。所以，不論他以他既有的想像力與智慧，如何完成了對那上帝真創世的解說或暗示，其中的真義是說，不論他果已達成了那上帝真創世界的真相如何的程度，或有所差異，人類於其被創「屬人」的位置上，卻充分地表示了他對那上帝真創世界全部真相之從未息止之強力之追求的渴望與企求（其實這就是基督教存在之精神性的全部真義）。

從此亞伯拉罕誕生了。它不是文字、符號、說辭或教義，而是以其被造「屬人」的想像力與智慧，連帶他全自然被造之身體本身，以聆聽那不可思議的、唯創世而有之人與上帝間之真實的連結與結合，而完成了他全無文字之全身體之語言與說辭之最大、最真實，也最深刻不可解之行為模式（現代人語），而它最真實的代名詞就叫做「儀式」。

真儀式，它唯向上，逼近那「光靈」的世界，或即「極樂園」之謂。真儀式以下，即真身體以後

的世界，無他，即失樂園而已。即便如此，我們也不必怕，因為在上帝與人或文明之間，有兩句話是我們必須要切記在心的，那就是：

一、我們業已掉落在失樂園裡面了，我們為什麼還一定要有所返回？

二、假如根本就沒有極樂園之存在，我們又怎麼能真知，我們必須要從失樂園中果有所返回？

這是兩個人類在將來大數據的世界中，必須要不休止追問的難題。

國家圖書館出版品預行編目

極樂園辯證100條／史作檉著. -- 初版. --
臺北市：典藏藝術家庭, 2022.05
面；公分
ISBN 978-626-7031-21-6（平裝）
1.史作檉 2.學術思想 3.宗教哲學 4.基督教
128.99　　　　　111003265

美學16｜史作檉系列

極樂園辯證100條

作　　　者	史作檉
編　　　輯	連雅琦
設　　　計	鄭宇斌
排　　　版	陳玉韻
企　　　畫	葉晞
書衣封面圖片	達志影像授權提供
篇章頁圖像	史作檉繪製

發　行　人	簡秀枝
出　版　者	典藏藝術家庭股份有限公司
地　　　址	104台北市中山北路一段85號7樓
電　　　話	886-2-2560-2220 分機 300、302
傳　　　真	886-2-2567-9295
網　　　址	bookstore.artouch.com

總　經　銷	聯灃書報社
地　　　址	103台北市重慶北路一段83巷43號

印　　　刷	崎威彩藝
初　　　版	2022年5月
Ｉ　Ｓ　Ｂ　Ｎ	978-626-7031-21-6（平裝）
定　　　價	新台幣320元

法律顧問 益思科技法律事務所　劉承慶律師